Couverture inférieure manquante

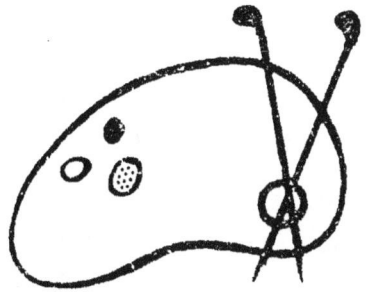

# CLAIR DE LUNE

PAR

GUY DE MAUPASSANT

PARIS

1884

Ed. MONNIER, Éditeur, 16, rue des Vosges.

# CLAIR DE LUNE

707-84. — CORBEIL.. Typ. et stér. CRÉTÉ.

GUY DE MAUPASSANT

# CLAIR DE LUNE

ILLUSTRATIONS DE

ARCOS — GAMBARD — GRASSET — JEANNIOT

LE NATUR — Adrien MARIE

MERWART — MYRBACH — RENOUARD

ROCHEGROSSE — ROY — TIRADO

PARIS

ED. MONNIER, ÉDITEUR

16, RUE DES VOSGES

—

1884

DÉPÔT LÉG
Seine & Oi
No
18:4

# CLAIR DE LUNE

*Illustration de GAMBARD*

# CLAIR DE LUNE

Il portait bien son nom de bataille, l'abbé Marignan. C'é-
tait un grand prêtre maigre, fanatique, d'âme toujours exal-
tée, mais droite. Toutes ses croyances étaient fixes, sans
jamais d'oscillations. Il s'imaginait sincèrement connaître
son Dieu, pénétrer ses desseins, ses volontés, ses intentions.

Quand il se promenait à grands pas dans l'allée de son
petit presbytère de campagne, quelquefois une interrogation
se dressait dans son esprit : « Pourquoi Dieu a-t-il fait cela? »
Et il cherchait obstinément, prenant en sa pensée la place de

Dieu, et il trouvait presque toujours. Ce n'est pas lui qui eût
murmuré dans un élan de pieuse humilité : « Seigneur, vos
desseins sont impénétrables ! » Il se disait : « Je suis le serviteur de Dieu, je dois connaître ses raisons d'agir, et les
deviner si je ne les connais pas. »

Tout lui paraissait créé dans la nature avec une logique
absolue et admirable. Les « Pourquoi » et les « Parce que »
se balançaient toujours. Les aurores étaient faites pour rendre joyeux les réveils, les jours pour mûrir les moissons, les
pluies pour les arroser, les soirs pour préparer au sommeil
et les nuits sombres pour dormir.

Les quatre saisons correspondaient parfaitement à tous les
besoins de l'agriculture ; et jamais le soupçon n'aurait pu
venir au prêtre que la nature n'a point d'intentions et que
tout ce qui vit s'est plié, au contraire, aux dures nécessités
des époques, des climats et de la matière.

Mais il haïssait la femme, il la haïssait inconsciemment,
et la méprisait par instinct. Il répétait souvent la parole du
Christ : « Femme, qu'y a-t-il de commun entre vous et moi ? »
et il ajoutait : « On disait que Dieu lui-même se sentait mé-
content de cette œuvre-là. » La femme était bien pour lui
l'enfant douze fois impure dont parle le poète. Elle était le
tentateur qui avait entraîné le premier homme et qui continuait toujours son œuvre de damnation, l'être faible, dangereux, mystérieusement troublant. Et plus encore que leur
corps de perdition, il haïssait leur âme aimante.

Souvent il avait senti leur tendresse attachée à lui et, bien
qu'il se sût inattaquable, il s'exaspérait de ce besoin d'aimer
qui frémissait toujours en elles.

Dieu, à son avis, n'avait créé la femme que pour tenter
l'homme et l'éprouver. Il ne fallait approcher d'elle qu'avec
des précautions défensives, et les craintes qu'on a des pièges.
Elle était, en effet, toute pareille à un piège avec ses bras tendus et ses lèvres ouvertes vers l'homme.

Il n'avait d'indulgence que pour les religieuses que leur
vœu rendait inoffensives ; mais il les traitait durement quand
même, parce qu'il la sentait toujours vivante au fond de
leur cœur enchaîné, de leur cœur humilié, cette éternelle

tendresse qui venait encore à lui, bien qu'il fût un prêtre.

Il la sentait dans leurs regards plus mouillés de piété que les regards des moines, dans leurs extases où leur sexe se mêlait, dans leurs élans d'amour vers le Christ, qui l'indignaient parce que c'était de l'amour de femme, de l'amour charnel; il la sentait, cette tendresse maudite, dans leur docilité même, dans la douceur de leur voix en lui parlant, dans leurs yeux baissés, et dans leurs larmes résignées quand il les reprenait avec rudesse.

Et il secouait sa soutane en sortant des portes du coùvent, et il s'en allait en allongeant les jambes comme s'il avait fui devant un danger.

Il avait une nièce qui vivait avec sa mère dans une petite maison voisine. Il s'acharnait à en faire une sœur de charité.

Elle était jolie, écervelée et moqueuse. Quand l'abbé sermonnait, elle riait; et quand il se fâchait contre elle, elle l'embrassait avec véhémence, le serrant contre son cœur, tandis qu'il cherchait involontairement à se dégager de cette étreinte qui lui faisait goûter cependant une joie douce, éveillant au fond de lui cette sensation de paternité qui sommeille en tout homme.

Souvent il lui parlait de Dieu, de son Dieu, en marchant à côté d'elle par les chemins des champs. Elle ne l'écoutait guère et regardait le ciel, les herbes, les fleurs, avec un bonheur de vivre qui se voyait dans ses yeux. Quelquefois elle s'élançait pour attraper une bête volante, et s'écriait en la rapportant : « Regarde, mon oncle, comme elle est jolie; j'ai envie de l'embrasser. » Et ce besoin « d'embrasser des mouches » ou des grains de lilas inquiétait, irritait, soulevait le prêtre, qui retrouvait encore là cette indéracinable tendresse qui germe toujours au cœur des femmes.

Puis, voilà qu'un jour l'épouse du sacristain, qui faisait le ménage de l'abbé Marignan, lui apprit avec précaution que sa nièce avait un amoureux.

Il en ressentit une émotion effroyable, et il demeura suffoqué, avec du savon plein la figure, car il était en train de se raser.

Quand il se retrouva en état de réfléchir et de parler, il s'écria : « Ce n'est pas vrai, vous mentez, Mélanie ! »

Mais la paysanne posa la main sur son cœur : « Que notre Seigneur me juge si je mens, monsieur le curé. J' vous dis qu'elle y va tous les soirs sitôt qu' votre sœur est couchée. Ils se r'trouvent le long de la rivière. Vous n'avez qu'à y aller voir entre dix heures et minuit. »

Il cessa de se gratter le menton, et il se mit à marcher violemment, comme il faisait toujours en ses heures de grave méditation. Quand il voulut recommencer à se barbifier, il se coupa trois fois depuis le nez jusqu'à l'oreille.

Tout le jour, il demeura muet, gonflé d'indignation et de colère. A sa fureur de prêtre, devant l'invincible amour, s'ajoutait une exaspération de père moral, de tuteur, de chargé d'âme, trompé, volé, joué par une enfant; cette suffocation égoïste des parents à qui leur fille annonce qu'elle a fait, sans eux et malgré eux, choix d'un époux.

Après son dîner, il essaya de lire un peu, mais il ne put y parvenir; et il s'exaspérait de plus en plus. Quand dix heures sonnèrent, il prit sa canne, un formidable bâton de chêne dont il se servait toujours en ses courses nocturnes, quand il allait voir quelque malade. Et il regarda en souriant l'énorme gourdin qu'il faisait tourner, dans sa poigne solide de campagnard, en des moulinets menaçants. Puis, soudain, il le leva et, grinçant des dents, l'abattit sur une chaise dont le dossier fendu tomba sur le plancher.

Et il ouvrit sa porte pour sortir; mais il s'arrêta sur le seuil, surpris par une splendeur de clair de lune telle qu'on n'en voyait presque jamais.

Et comme il était doué d'un esprit exalté, un de ces esprits que devaient avoir les Pères de l'Église, ces poètes rêveurs, il se sentit soudain distrait, ému par la grandiose et sereine beauté de la nuit pâle.

Dans son petit jardin, tout baigné de douce lumière, ses arbres fruitiers, rangés en ligne, dessinaient en ombre sur l'allée leurs grêles membres de bois à peine vêtus de verdure ; tandis que le chèvrefeuille géant, grimpé sur le mur de sa maison, exhalait des souffles délicieux et comme su crés, faisait flotter dans le soir tiède et clair une espèce d'âme parfumée.

Il se mit à respirer longuement, buvant de l'air comme les ivrognes boivent du vin, et il allait à pas lents, ravi, émerveillé, oubliant presque sa nièce.

Dès qu'il fut dans la campagne, il s'arrêta pour contempler toute la plaine inondée de cette lueur caressante, noyée dans ce charme tendre et languissant des nuits sereines. Les crapauds à tout instant jetaient par l'espace leur note courte et métallique, et des rossignols lointains mêlaient leur musique égrenée qui fait rêver sans faire penser, leur musique légère et vibrante, faite pour les baisers, à la séduction du clair de lune.

L'abbé se remit à marcher, le cœur défaillant, sans qu'il sût pourquoi. Il se sentait comme affaibli, épuisé tout à coup; il avait une envie de s'asseoir, de rester là, de contempler, d'admirer Dieu dans son œuvre.

Là-bas, suivant les ondulations de la petite rivière, une grande ligne de peupliers serpentait. Une buée fine, une vapeur blanche que les rayons de lune traversaient, argentaient, rendaient luisante, restait suspendue autour et au-dessus des berges, enveloppait tout le cours tortueux de l'eau d'une sorte de ouate légère et transparente.

Le prêtre encore une fois s'arrêta, pénétré jusqu'au fond de l'âme par un attendrissement grandissant, irrésistible.

Et un doute, une inquiétude vague l'envahissait; il sentait naître en lui une de ces interrogations qu'il se posait parfois.

Pourquoi Dieu avait-il fait cela? Puisque la nuit est destinée au sommeil, à l'inconscience, au repos, à l'oubli de tout, pourquoi la rendre plus charmante que le jour, plus douce que les aurores et que les soirs, et pourquoi cet astre lent et séduisant, plus poétique que le soleil et qui semble destiné, tant il est discret, à éclairer des choses trop délicates et mystérieuses pour la grande lumière, s'en venait-il faire si transparentes les ténèbres?

Pourquoi le plus habile des oiseaux chanteurs ne se reposait-il pas comme les autres et se mettait-il à vocaliser dans l'ombre troublante?

Pourquoi ce demi-voile jeté sur le monde? Pourquoi ces frissons de cœur, cette émotion de l'âme, cet alanguissement de la chair?

Pourquoi ce déploiement de séductions que les hommes ne voyaient point, puisqu'ils étaient couchés en leurs lits? A qui étaient destinés ce spectacle sublime, cette abondance de poésie jetée du ciel sur la terre?

Et l'abbé ne comprenait point.

Mais voilà que là-bas, sur le bord de la prairie, sous la voûte des arbres trempés de brume luisante, deux ombres apparurent qui marchaient côte à côte.

L'homme était plus grand et tenait par le cou son amie, et, de temps en temps, l'embrassait sur le front. Ils animèrent tout à coup ce paysage immobile qui les enveloppait comme un cadre divin fait pour eux. Ils semblaient, tous deux, un seul être, l'être à qui était destinée cette nuit calme et silencieuse; et ils s'en venaient vers le prêtre comme une réponse vivante, la réponse que son Maître jetait à son interrogation.

Il restait debout, le cœur battant, bouleversé, et il croyait voir quelque chose de biblique, comme les amours de Ruth et de Booz, l'accomplissement d'une volonté du Seigneur dans un de ces grands décors dont parlent les livres saints. En sa tête se mirent à bourdonner les versets du Cantique des Cantiques, les cris d'ardeur, les appels des corps, toute la chaude poésie de ce poème brûlant de tendresse.

Et il se dit : « Dieu peut-être a fait ces nuits-là pour voiler d'idéal les amours des hommes. »

Et il reculait devant le couple embrassé qui marchait toujours. C'était sa nièce pourtant; mais il se demandait maintenant s'il n'allait pas désobéir à Dieu. Et Dieu ne permet-il point l'amour, puisqu'il l'entoure visiblement d'une splendeur pareille?

Et il s'enfuit, éperdu, presque honteux, comme s'il eût pénétré dans un temple où il n'avait pas le droit d'entrer.

# UN COUP D'ÉTAT

*Illustration de JEANNIOT*

# UN COUP D'ÉTAT

aris venait d'apprendre le désastre de Sedan. La République était proclamée. La France entière haletait au début de cette démence qui dura jusqu'après la Commune. On jouait au soldat d'un bout à l'autre du pays.

Des bonnetiers étaient colonels faisant fonctions de généraux; des revolvers et des poignards s'étalaient autour de gros ventres pacifiques enveloppés de ceintures rouges; des petits bourgeois devenus guerriers d'occasion commandaient des bataillons de volontaires braillards et juraient comme des charretiers pour se donner de la prestance.

Le seul fait de tenir des armes, de manier des fusils à systèmes affolait ces gens qui n'avaient jusqu'ici manié que des balances, et les rendait, sans aucune raison, redoutables au premier venu. On exécutait des innocents pour prouver qu'on savait tuer; on fusillait, en rôdant par les campagnes vierges encore de Prussiens, les chiens errants, les vaches ruminant en paix, les chevaux malades pâturant dans les herbages.

Chacun se croyait appelé à jouer un grand rôle militaire. Les cafés des moindres villages, pleins de commerçants en uniforme, ressemblaient à des casernes ou à des ambulances.

Le bourg de Canneville ignorait encore les affolantes nouvelles de l'armée et de la capitale ; mais une extrême agitation le remuait depuis un mois, les partis adverses se trouvant face à face.

Le maire, M. le vicomte de Varnetot, petit homme maigre, vieux déjà, légitimiste rallié à l'Empire depuis peu, par ambition, avait vu surgir un adversaire déterminé dans le docteur Massarel, gros homme sanguin, chef du parti républicain dans l'arrondissement, vénérable de la loge maçonnique du chef-lieu, président de la Société d'agriculture et du banquet des pompiers, et organisateur de la milice rurale qui devait sauver la contrée.

En quinze jours, il avait trouvé le moyen de décider à la défense du pays soixante-trois volontaires mariés et pères de famille, paysans prudents et marchands du bourg, et il les exerçait, chaque matin, sur la place de la mairie.

Quand le maire, par hasard, venait au bâtiment communal, le commandant Massarel, bardé de pistolets, passant fièrement, le sabre en main, devant le front de sa troupe, faisait hurler à son monde : « Vive la patrie ! » Et ce cri, on l'avait remarqué, agitait le petit vicomte, qui voyait là sans doute une menace, un défi, en même temps qu'un souvenir odieux de la grande Révolution.

Le 5 septembre au matin, le docteur en uniforme, son revolver sur sa table, donnait une consultation à un couple de vieux campagnards, dont l'un, le mari, atteint de varices depuis sept ans, avait attendu que sa femme en eût aussi pour venir trouver le médecin, quand le facteur apporta le journal.

M. Massarel l'ouvrit, pâlit, se dressa brusquement, et, levant les deux bras au ciel dans un geste d'exaltation, il se mit à vociférer de toute sa voix, devant les deux ruraux affolés :

—Vive la République ! vive la République ! vive la République !

Puis il retomba sur son fauteuil, défaillant d'émotion.

Et comme le paysan reprenait : « Ça a commencé par des fourmis qui me couraient censément le long des jambes, » le docteur Massarel s'écria :

— Fichez-moi la paix ; j'ai bien le temps de m'occuper de vos bêtises. La République est proclamée, l'Empereur est prisonnier, la France est sauvée. Vive la République ! »

Et, courant à la porte, il beugla : Céleste, vite, Céleste !

La bonne épouvantée accourut ; il bredouillait tant il parlait rapidement.

— Mes bottes, mon sabre, ma cartouchière et le poignard espagnol qui est sur ma table de nuit, dépêche-toi !

Comme le paysan obstiné, profitant d'un instant de silence, continuait :

— Ça a devenu comme des poches qui me faisaient mal en marchant.

Le médecin exaspéré hurla :

— Fichez-moi donc la paix, nom d'un chien, si vous vous étiez lavé les pieds, ça ne serait pas arrivé.

Puis, le saisissant au collet, il lui jeta dans la figure :

— Tu ne sens donc pas que nous sommes en république, triple brute ?

Mais le sentiment professionnel le calma tout aussitôt, et il poussa dehors le ménage abasourdi, en répétant :

— Revenez demain, revenez demain, mes amis. Je n'ai pas le temps aujourd'hui.

Tout en s'équipant des pieds à la tête, il donna de nouveau une série d'ordres urgents à sa bonne :

— Cours chez le lieutenant Picart et chez le sous-lieutenant Pommel, et dis-leur que je les attends ici immédiatement. Envoie-moi aussi Torchebeuf avec son tambour, vite, vite.

Et quand Céleste fut sortie, il se recueillit, se préparant à surmonter les difficultés de la situation.

Les trois hommes arrivèrent ensemble, en vêtements de travail. Le commandant, qui s'attendait à les voir en tenue, eut un sursaut.

— Vous ne savez donc rien, sacrebleu ? L'empereur est prisonnier, la République est proclamée. Il faut agir. Ma position est délicate, je dirai plus, périlleuse.

Il réfléchit quelques secondes devant les visages ahuris de ses subordonnés, puis reprit :

— Il faut agir et ne pas hésiter ; les minutes valent des heures dans des instants pareils. Tout dépend de la promptitude des décisions. Vous, Picart, allez trouver le curé et sommez-le de sonner le tocsin pour réunir la population que

je vais prévenir. Vous, Torchebeuf, battez le rappel dans toute
la commune jusqu'aux hameaux de la Gerisaie et de Salmare
pour rassembler la milice en armes sur la place. Vous, Pommel,
revêtez promptement votre uniforme, rien que la tunique et le
képi. Nous allons occuper ensemble la mairie et sommer M. de
Varnetot de me remettre ses pouvoirs. C'est compris ?

— Oui.

— Exécutez, et promptement. Je vous accompagne jusque
chez vous, Pommel, puisque nous opérons ensemble.

Cinq minutes plus tard, le commandant et son subalterne,
armés jusqu'aux dents, apparaissaient sur la place juste au moment où le petit vicomte de Varnetot, les jambes guêtrées comme
pour une partie de chasse, son Lefaucheux sur l'épaule, débou-
chait à pas rapides par l'autre rue, suivi de ses trois gardes en
tunique verte, le couteau sur la cuisse et le fusil en bandou-
lière.

Pendant que le docteur s'arrêtait, stupéfait, les quatre
hommes pénétrèrent dans la mairie dont la porte se referma
derrière eux.

— Nous sommes devancés, murmura le médecin, il faut maintenant attendre du renfort. Rien à faire pour le quart d'heure.

Le lieutenant Picart reparut :

— Le curé a refusé d'obéir, dit-il ; il s'est même enfermé
dans l'église avec le bedeau et le suisse.

Et, de l'autre côté de la place, en face de la mairie blanche
et close, l'église, muette et noire, montrait sa grande porte
de chêne garnie de ferrures de fer.

Alors, comme les habitants intrigués mettaient le nez aux
fenêtres ou sortaient sur le seuil des maisons, le tambour
soudain roula, et Torchebeuf apparut, battant avec fureur
les trois coups précipités du rappel. Il traversa la place au
pas gymnastique, puis disparut dans le chemin des champs.

Le commandant tira son sabre, s'avança seul, à moitié distance environ entre les deux bâtiments où s'était barricadé
l'ennemi et, agitant son arme au-dessus de sa tête, il mugit
de toute la force de ses poumons :

« Vive la République ! Mort aux traîtres ! »

Puis, il se replia vers ses officiers.

Le boucher, le boulanger et le pharmacien, inquiets, accrochèrent leurs volets et fermèrent leurs boutiques. Seul l'épicier demeura ouvert.

Cependant les hommes de la milice arrivaient peu à peu, vêtus diversement et tous coiffés d'un képi noir à galon rouge, le képi constituant tout l'uniforme du corps. Ils étaient armés de leurs vieux fusils rouillés, ces vieux fusils pendus depuis trente ans sur les cheminées des cuisines, et ils ressemblaient assez à un détachement de gardes champêtres.

Lorsqu'il en eut une trentaine autour de lui, le commandant, en quelques mots, les mit au fait des événements ; puis, se tournant vers son état-major : « Maintenant, agissons, » dit-il.

Les habitants se rassemblaient, examinaient et devisaient.

Le docteur eut vite arrêté son plan de campagne :

— Lieutenant Picart, vous allez vous avancer sous les fenêtres de cette mairie et sommer M. de Varnetot, au nom de la République, de me remettre la maison de ville.

Mais le lieutenant, un maître-maçon, refusa :

— Vous êtes encore un malin, vous. Pour me faire flanquer un coup de fusil, merci. Ils tirent bien ceux qui sont là-dedans, vous savez. Faites vos commissions vous-même.

Le commandant devint rouge.

— Je vous ordonne d'y aller au nom de la discipline.

Le lieutenant se révolta :

— Plus souvent que je me ferai casser la figure sans savoir pourquoi.

Les notables, rassemblés en un groupe voisin, se mirent à rire. Un d'eux cria :

— T'as raison, Picart, c'est pas l'moment !

Le docteur, alors, murmura :

— Lâches !

Et, déposant son sabre et son revolver aux mains d'un soldat, il s'avança d'un pas lent, l'œil fixé sur les fenêtres, s'attendant à en voir sortir un canon de fusil braqué sur lui.

Comme il n'était qu'à quelques pas du bâtiment, les portes des deux extrémités donnant entrée dans les deux écoles s'ouvrirent, et un flot de petits êtres, garçons par ci, filles par là, s'en échappèrent et se mirent à jouer sur la grande place

vide, piaillant, comme un troupeau d'oies, autour du docteur,
qui ne pouvait se faire entendre.

Aussitôt les derniers élèves sortis, les deux portes s'étaient
refermées.

Le gros des marmots enfin se dispersa, et le commandant
appela d'une voix forte :

— Monsieur de Varnetot ?

Une fenêtre du premier étage s'ouvrit. M. de Varnetot parut.

Le commandant reprit :

— Monsieur, vous savez les grands événements qui viennent de changer la face du gouvernement. Celui que vous re-
présentiez n'est plus. Celui que je représente monte au pouvoir. En ces circonstances douloureuses, mais décisives, je
viens vous demander, au nom de la nouvelle République, de
remettre en mes mains les fonctions dont vous avez été in-
vesti par le précédent pouvoir.

M. de Varnetot répondit :

— Monsieur le docteur, je suis maire de Canneville,
nommé par l'autorité compétente, et je resterai maire de
Canneville tant que je n'aurai pas été révoqué et remplacé par
un arrêté de mes supérieurs. Maire, je suis chez moi dans la
mairie, et j'y reste. Au surplus, essayez de m'en faire sortir.

Et il referma la fenêtre.

Le commandant retourna vers sa troupe. Mais, avant de
s'expliquer, toisant du haut en bas le lieutenant Picart.

— Vous êtes un crâne, vous, un fameux lapin, la honte de
l'armée. Je vous casse de votre grade.

Le lieutenant répondit :

— Je m'en fiche un peu.

Et il alla se mêler au groupe murmurant des habitants.

Alors le docteur hésita. Que faire ? Donner l'assaut ? Mais
ses hommes marcheraient-ils ? Et puis, en avait-il le droit ?

Une idée l'illumina. Il courut au télégraphe dont le bureau
faisait face à la mairie, de l'autre côté de la place. Et il expé-
dia trois dépêches :

A MM. les membres du gouvernement républicain, à Paris ;

A M. le nouveau préfet républicain de la Seine-Inférieure, à
Rouen ;

À M. le nouveau sous-préfet républicain de Dieppe.

Il exposait la situation, disait le danger couru par la commune demeurée aux mains de l'ancien maire monarchiste, offrait ses services dévoués, demandait des ordres et signait en faisant suivre son nom de tous ses titres.

Puis il revint vers son corps d'armée et, tirant dix francs de sa poche : « Tenez, mes amis, allez manger et boire un coup ; laissez seulement ici un détachement de dix hommes pour que personne ne sorte de la mairie. »

Mais l'ex-lieutenant Picart, qui causait avec l'horloger, entendit ; il se mit à ricaner et prononça : « Pardi, s'ils sortent, ce sera une occasion d'entrer. Sans ça, je ne vous vois pas encore là-dedans, moi ! »

Le docteur ne répondit pas, et il alla déjeuner.

Dans l'après-midi, il disposa des postes tout autour de la commune, comme si elle était menacée d'une surprise.

Il passa plusieurs fois devant les portes de la maison de ville et de l'église sans rien remarquer de suspect ; on aurait cru vides ces deux bâtiments.

Le boucher, le boulanger et le pharmacien rouvrirent leurs boutiques.

On jasait beaucoup dans les logis. Si l'Empereur était prisonnier, il y avait quelque traîtrise là-dessous. On ne savait pas au juste laquelle des républiques était revenue.

La nuit tomba.

Vers neuf heures, le docteur s'approcha seul, sans bruit, de l'entrée du bâtiment communal, persuadé que son adversaire était parti se coucher ; et, comme il se disposait à enfoncer la porte à coups de pioche, une voix forte, celle d'un garde, demanda tout à coup :

— Qui va là ?

Et M. Massarel battit en retraite à toutes jambes.

Le jour se leva sans que rien fût changé dans la situation.

La milice en armes occupait la place. Tous les habitants s'étaient réunis autour de cette troupe, attendant une solution. Ceux des villages voisins arrivaient pour voir.

Alors le docteur, comprenant qu'il jouait sa réputation, résolut d'en finir d'une manière ou d'une autre ; et il allait

prendre une résolution quelconque, énergique assurément,
quand la porte du télégraphe s'ouvrit et la petite servante de
la directrice parut, tenant à la main deux papiers.

Elle se dirigea d'abord vers le commandant et lui remit une
des dépêches ; puis, traversant le milieu désert de la place,
intimidée par tous les yeux fixés sur elle, baissant la tête
et trottant menu, elle alla frapper doucement à la maison
barricadée, comme si elle eût ignoré qu'un parti armé s'y
cachait.

L'huis s'entrebâilla ; une main d'homme reçut le message,
et la fillette revint, toute rouge, prête à pleurer, d'être dévisa-
gée ainsi par le pays entier.

Le docteur commanda d'une voix vibrante :

— Un peu de silence, s'il vous plaît.

Et comme le populaire s'était tu, il reprit fièrement :

— Voici la communication que je reçois du gouvernement.
Et, élevant sa dépêche, il lut :

« Ancien maire révoqué. Veuillez aviser au plus pressé.
« Recevrez instructions ultérieures.

　　　　« Pour le sous-préfet,

　　　　　　　　　　« SAPIN, conseiller. »

Il triomphait ; son cœur battait de joie ; ses mains trem-
blaient, mais Picart, son ancien subalterne, lui cria d'un
groupe voisin :

— C'est bon, tout ça, mais si les autres ne sortent pas, ça
vous fait une belle jambe, votre papier.

Et M. Massarel pâlit. Si les autres ne sortaient pas, en effet,
il fallait aller de l'avant maintenant. C'était non seulement
son droit, mais aussi son devoir.

Et il regardait anxieusement la mairi  espérant qu'il allait
voir la porte s'ouvrir et son adversaire  e replier.

La porte restait fermée. Que faire ? la foule augmentait, se
serrait autour de la milice. On riait.

Une réflexion surtout torturait le médecin. S'il donnait l'assaut, il faudrait marcher à la tête de ses hommes ; et comme,
lui mort, toute contestation cesserait, c'était sur lui, sur lui
seul que tireraient M. de Varnetot et ses trois gardes. Et ils
tiraient bien, très bien ; Picart venait encore de le lui répé-

ter. Mais une idée l'illumina et, se tournant vers Pommel :

— Allez vite prier le pharmacien de me prêter une serviette et un bâton.

Le lieutenant se précipita.

Il allait faire un drapeau parlementaire, un drapeau blanc dont la vue réjouirait peut-être le cœur légitimiste de l'ancien maire.

Pommel revint avec le linge demandé et un manche à balai. Au moyen de ficelles, on organisa cet étendard que M. Massarel saisit à deux mains ; et il s'avança de nouveau vers la mairie en le tenant devant lui. Lorsqu'il fut en face de la porte, il appela encore « Monsieur de Varnetot ». La porte s'ouvrit soudain, et M. de Varnetot apparut sur le seuil avec ses trois gardes.

Le docteur recula par un mouvement instinctif; puis, il salua courtoisement son ennemi et prononça, étranglé par l'émotion : « Je viens, Monsieur, vous communiquer les instructions que j'ai reçues. »

Le gentilhomme, sans lui rendre son salut, répondit : « Je me retire, Monsieur, mais sachez bien que ce n'est ni par crainte, ni par obéissance à l'odieux gouvernement qui usurpe le pouvoir. » Et, appuyant sur chaque mot, il déclara : « Je ne veux pas avoir l'air de servir un seul jour la République. Voilà tout. »

Massarel, interdit, ne répondit rien ; et M. de Varnetot, se mettant en marche d'un pas rapide, disparut au coin de la place, suivi toujours de son escorte.

Alors le docteur, éperdu d'orgueil, revint vers la foule. Dès qu'il fut assez près pour se faire entendre, il cria : « Hurrah! hurrah! La République triomphe sur toute la ligne. »

Aucune émotion ne se manifesta.

Le médecin reprit : « Le peuple est libre, vous êtes libres, indépendants. Soyez fiers ! »

Les villageois inertes le regardaient sans qu'aucune gloire illuminât leurs yeux.

A son tour, il les contempla, indigné de leur indifférence, cherchant ce qu'il pourrait dire, ce qu'il pourrait faire pour frapper un grand coup, électriser ce pays placide, remplir sa mission d'initiateur.

Mais une inspiration l'envahit et, se tournant vers Pommel :
« Lieutenant, allez chercher le buste de l'ex-empereur qui est
dans la salle des délibérations du conseil municipal, et appor-
tez-le avec une chaise. »

Et bientôt l'homme reparut portant sur l'épaule droite le Bona-
parte de plâtre, et tenant de la main gauche une chaise de paille.

M. Massarel vint au-devant de lui, prit la chaise, la posa
par terre, plaça dessus le buste blanc, puis se reculant de
quelques pas, l'interpella d'une voix sonore :

« Tyran, tyran, te voici tombé, tombé dans la boue, tombé
dans la fange. La patrie expirante râlait sous ta botte. Le
Destin vengeur t'a frappé. La défaite et la honte se sont atta-
chées à toi ; tu tombes vaincu, prisonnier du Prussien ; et, sur
les ruines de ton empire croulant, la jeune et radieuse République se dresse, ramassant ton épée brisée... »

Il attendait des applaudissements. Aucun cri, aucun batte-
ment de main n'éclata. Les paysans effarés se taisaient ; et le
buste aux moustaches pointues qui dépassaient les joues de
chaque côté, le buste immobile et bien peigné comme une
enseigne de coiffeur, semblait regarder M. Massarel avec son
sourire de plâtre, un sourire ineffaçable et moqueur.

Ils demeuraient ainsi face à face, Napoléon sur sa chaise,
le médecin debout, à trois pas de lui. Une colère saisit le
commandant. Mais que faire? que faire pour émouvoir ce
peuple et gagner définitivement cette victoire de l'opinion?

Sa main, par hasard, se posa sur son ventre, et il rencon-
tra, sous sa ceinture rouge, la crosse de son revolver.

Aucune inspiration, aucune parole ne lui venaient plus.
Alors il tira son arme, fit deux pas et, à bout portant, fou-
droya l'ancien monarque.

La balle creusa dans le front un petit trou noir, pareil à
une tache, presque rien. L'effet était manqué. M. Massarel
tira un second coup, qui fit un second trou, puis un troisième,
puis, sans s'arrêter, il lâcha les trois derniers. Le front de
Napoléon volait en poussière blanche, mais les yeux, le nez
et les fines pointes des moustaches restaient intacts.

Alors exaspéré, le docteur renversa la chaise d'un coup de
poing et, appuyant un pied sur le reste du buste, dans une

posture de triomphateur, il se tourna vers le public abasourdi en vociférant : « Périssent ainsi tous les traîtres. »

Mais comme aucun enthousiasme ne se manifestait encore, comme les spectateurs semblaient stupides d'étonnement, le commandant cria aux hommes de la milice : « Vous pouvez maintenant regagner vos foyers. » Et il se dirigea lui-même à grands pas vers sa maison, comme s'il eût fui.

Sa bonne, dès qu'il parut, lui dit que des malades l'attendaient depuis plus de trois heures dans son cabinet. Il y courut. C'étaient les deux paysans aux varices, revenus dès l'aube, obstinés et patients.

Et le vieux aussitôt reprit son explication : « Ça a commencé par des fourmis qui me couraient censément le long des jambes... »

# LE LOUP

Illustration de *MERWART*

# LE LOUP

Voici ce que nous raconta le vieux marquis d'Arville à la fin du diner de Saint-Hubert, chez le baron des Ravels.

On avait forcé un cerf dans le jour. Le marquis était le seul des convives qui n'eût point pris part à cette poursuite, car il ne chassait jamais.

Pendant toute la durée du grand repas, on n'avait guère parlé que de massacres d'animaux. Les femmes elles-mêmes s'intéressaient aux récits sanguinaires et souvent invraisemblables, et les orateurs mimaient les attaques et les combats d'hommes contre les bêtes, levaient les bras, contaient d'une voix tonnante.

M. d'Arville parlait bien, avec une certaine poésie un peu ronflante, mais pleine d'effet. Il avait dû répéter souvent cette histoire, car il la disait couramment, n'hésitant pas sur les mots choisis avec habileté pour faire image.

— Messieurs, je n'ai jamais chassé, mon père non plus, mon grand-père non plus et, non plus, mon arrière-grand-père. Ce dernier était fils d'un homme qui chassa plus que vous tous. Il mourut en 1764. Je vous dirai comment.

Il se nommait Jean, était marié, père de cet enfant qui fut mon trisaïeul, et il habitait avec son frère cadet, François d'Arville, notre château de Lorraine, en pleine forêt.

François d'Arville était resté garçon par amour de la chasse.

Ils chassaient tous deux d'un bout à l'autre de l'année, sans repos, sans arrêt, sans lassitude. Ils n'aimaient que cela, ne comprenaient pas autre chose, ne parlaient que de cela, ne vivaient que pour cela.

Ils avaient au cœur cette passion terrible, inexorable. Elle les brûlait, les ayant envahis tout entiers, ne laissant de place pour rien autre.

Ils avaient défendu qu'on les dérangeât jamais en chasse, pour aucune raison. Mon trisaïeul naquit pendant que son père suivait un renard, et Jean d'Arville n'interrompit point sa course, mais il jura : « Nom d'un nom, ce gredin-là aurait bien pu attendre après l'hallali ! »

Son frère François se montrait encore plus emporté que lui. Dès son lever, il allait voir les chiens, puis les chevaux, puis il tirait des oiseaux autour du château jusqu'au moment de partir pour forcer quelque grosse bête.

On les appelait dans le pays M. le Marquis et M. le Cadet, les nobles d'alors ne faisant point, comme la noblesse d'occasion de notre temps, qui veut établir dans les titres une hiérarchie descendante ; car le fils d'un marquis n'est pas plus comte, ni le fils d'un vicomte baron, que le fils d'un général n'est colonel de naissance. Mais la vanité mesquine du jour trouve profit à cet arrangement.

Je reviens à mes ancêtres.

Ils étaient, paraît-il, démesurément grands, osseux, poilus, violents et vigoureux. Le jeune, plus haut encore que l'aîné, avait une voix tellement forte que, suivant une légende dont il était fier, toutes les feuilles de la forêt s'agitaient quand il criait.

Et lorsqu'ils se mettaient en selle tous deux pour partir en chasse, ce devait être un spectacle superbe de voir ces deux géants enfourcher leurs grands chevaux.

Or, vers le milieu de l'hiver de cette année 1764, les froids furent excessifs et les loups devinrent féroces.

Ils attaquaient même les paysans attardés, rôdaient la nuit autour des maisons, hurlaient du coucher du soleil à son lever et dépeuplaient les étables.

Et bientôt une rumeur circula. On parlait d'un loup colossal, au pelage gris, presque blanc, qui avait mangé deux enfants, dévoré le bras d'une femme, étranglé tous les chiens de garde du pays et qui pénétrait sans peur dans les enclos pour venir flairer sous les portes. Tous les habitants affirmaient avoir senti son souffle qui faisait vaciller la flamme des lumières. Et bientôt une panique courut par toute la province. Personne n'osait plus sortir dès que tombait le soir. Les ténèbres semblaient hantées par l'image de cette bête.

Les frères d'Arville résolurent de la trouver et de la tuer, et ils convièrent à de grandes chasses tous les gentilshommes du pays.

Ce fut en vain. On avait beau battre les forêts, fouiller les buissons, on ne la rencontrait jamais. On tuait des loups, mais pas celui-là. Et, chaque nuit qui suivait la battue, l'animal, comme pour se venger, attaquait quelque voyageur ou dévorait quelque bétail, toujours loin du lieu où on l'avait cherché.

Une nuit enfin, il pénétra dans l'étable aux porcs du château d'Arville et mangea les deux plus beaux élèves.

Les deux frères furent enflammés de colère, considérant cette attaque comme une bravade du monstre, une injure directe, un défi. Ils prirent tous leurs forts limiers habitués à poursuivre les bêtes redoutables, et ils se mirent en chasse, le cœur soulevé de fureur.

Depuis l'aurore jusqu'à l'heure où le soleil empourpré descendit derrière les grands arbres nus, ils battirent les fourrés sans rien trouver.

Tous deux enfin, furieux et désolés, revenaient au pas de leurs chevaux par une allée bordée de broussailles, et s'étonnaient de leur science déjouée par ce loup, saisis soudain d'une sorte de crainte mystérieuse.

L'aîné disait :

— Cette bête-là n'est point ordinaire. On dirait qu'elle pense comme un homme.

Le cadet répondit :

— On devrait peut-être faire bénir une balle par notre cousin l'évêque, ou prier quelque prêtre de prononcer les paroles qu'il faut.

Puis ils se turent.

Jean reprit :

— Regarde le soleil s'il est rouge. Le grand loup va faire quelque malheur cette nuit.

Il n'avait point fini de parler que son cheval se cabra; celui de François se mit à ruer. Un large buisson couvert de feuilles mortes s'ouvrit devant eux, et une bête colossale, toute grise, surgit, qui détala à travers le bois.

Tous deux poussèrent une sorte de grognement de joie, et, se courbant sur l'encolure de leurs pesants chevaux, ils les jetèrent en avant d'une poussée de tout leur corps, les lançant d'une telle allure, les excitant, les entraînant, les affolant de la voix, du geste et de l'éperon, que les forts cavaliers semblaient porter les lourdes bêtes entre leurs cuisses et les enlever comme s'ils s'envolaient.

Ils allaient ainsi, ventre à terre, crevant les fourrés, coupant les ravins, grimpant les côtes, dévalant dans les gorges, et sonnant du cor à pleins poumons pour attirer leurs gens et leurs chiens.

Et voilà que soudain, dans cette course éperdue, mon aïeul heurta du front une branche énorme qui lui fendit le crâne; et il tomba raide mort sur le sol, tandis que son cheval affolé s'emportait, disparaissait dans l'ombre enveloppant les bois.

Le cadet d'Arville s'arrêta net, sauta par terre, saisit dans ses bras son frère, et il vit que la cervelle coulait de la plaie avec le sang.

Alors il s'assit auprès du corps, posa sur ses genoux la tête défigurée et rouge et il attendit en contemplant cette face immobile de l'aîné. Peu à peu une peur l'envahissait, une peur singulière qu'il n'avait jamais sentie encore, la peur de l'ombre, la peur de la solitude, la peur du bois désert et la peur aussi du loup fantastique qui venait de tuer son frère pour se venger d'eux.

Les ténèbres s'épaississaient, le froid aigu faisait craquer

les arbres. François se leva, frissonnant, incapable de rester
là plus longtemps, se sentant presque défaillir. On n'entendait
plus rien, ni la voix des chiens ni le son des cors, tout était
muet par l'invisible horizon; et ce silence morne du soir
glacé avait quelque chose d'effrayant et d'étrange.

Il saisit dans ses mains de colosse le grand corps de Jean,
le dressa et le coucha en travers sur sa selle pour le reporter
au château; puis il se remit en marche doucement, l'esprit
troublé comme s'il était gris, poursuivi par des images horribles et surprenantes.

Et, brusquement, dans le sentier qu'envahissait la nuit, une
grande forme passa. C'était la bête. Une secousse d'épouvante
agita le chasseur; quelque chose de froid, comme une goutte
d'eau, lui glissa le long des reins, et il fit, ainsi qu'un moine
hanté du diable, un grand signe de croix, éperdu à ce retour
brusque de l'effrayant rôdeur. Mais ses yeux retombèrent sur
le corps inerte couché devant lui, et soudain, passant brusquement de la crainte à la colère, il frémit d'une rage désor-
donnée.

Alors il piqua son cheval et s'élança derrière le loup.

Il le suivait par les taillis, les ravines et les futaies, traversant des bois qu'il ne reconnaissait plus, l'œil fixé sur la tache
blanche qui fuyait dans la nuit descendue sur la terre.

Son cheval aussi semblait animé d'une force et d'une ardeur
inconnues. Il galopait le cou tendu, droit devant lui, heurtant
aux arbres, aux rochers, la tête et les pieds du mort jetés en
travers sur la selle. Les ronces arrachaient les cheveux; le
front, battant les troncs énormes, les éclaboussait de sang; les
éperons déchiraient des lambeaux d'écorce.

Et, soudain, l'animal et le cavalier sortirent de la forêt et se
ruèrent dans un vallon, comme la lune rouge apparaissait
au-dessus des monts. Ce vallon était pierreux, fermé par des
roches énormes, sans issue possible; et le loup acculé se
retourna.

François alors poussa un hurlement de joie que les échos
répétèrent comme un roulement de tonnerre, et il sauta de
cheval, son coutelas à la main.

La bête hérissée, le dos rond, l'attendait; ses yeux luisaient comme deux étoiles. Mais, avant de livrer bataille, le fort chasseur, empoignant son frère, l'assit sur une roche, et, soutenant avec des pierres sa tête qui n'était plus qu'une tache de sang, il lui cria dans les oreilles, comme s'il eût parlé à un sourd : « Regarde, Jean, regarde ça ! »

Puis il se jeta sur le monstre. Il se sentait fort à culbuter une montagne, à broyer des pierres dans ses mains. La bête le voulut mordre, cherchant à lui fouiller le ventre; mais il l'avait saisie par le cou, sans même se servir de son arme, et il l'étranglait doucement, écoutant s'arrêter les souffles de sa gorge et les battements de son cœur. Et il riait, jouissant éperdument, serrant de plus en plus sa formidable étreinte, criant, dans un délire de joie : « Regarde, Jean, regarde ! » Toute résistance cessa; le corps du loup devint flasque. Il était mort.

Alors François, le prenant à pleins bras, l'emporta, et le vint jeter aux pieds de l'aîné en répétant d'une voix attendrie : « Tiens, tiens, tiens, mon petit Jean, le voilà ! »

Puis il replaça sur sa selle les deux cadavres l'un sur l'autre; et il se remit en route.

Il rentra au château, riant et pleurant, comme Gargantua à la naissance de Pantagruel, poussant des cris de triomphe et trépignant d'allégresse en racontant la mort de l'animal, et gémissant et s'arrachant la barbe en disant celle de son frère.

Et souvent, plus tard, quand il reparlait de ce jour, il prononçait, les larmes aux yeux : « Si seulement ce pauvre Jean avait pu me voir étrangler l'autre, il serait mort content, j'en suis sûr ! »

La veuve de mon aïeul inspira à son fils orphelin l'horreur de la chasse, qui s'est transmise de père en fils jusqu'à moi.

Le marquis d'Arville se tut. Quelqu'un demanda :

— Cette histoire est une légende, n'est-ce pas ?

Et le conteur répondit :

— Je vous jure qu'elle est vraie d'un bout à l'autre.

Alors une femme déclara d'une petite voix douce :

— C'est égal, c'est beau d'avoir des passions pareilles.

# L'ENFANT

Illustration de *LE NATUR*

# L'ENFANT

Après avoir long-
temps juré qu'il ne
se marierait ja-
mais, Jacques
Bourdillère
avait
soudain
changé
d'avis.

Cela était arrivé brusquement, un été, aux bains de mer.

Un matin, comme il était étendu sur le sable, tout occupé à regarder les femmes sortir de l'eau, un petit pied l'avait frappé par sa gentillesse et sa mignardise. Ayant levé les yeux plus haut, toute la personne le séduisit. De toute cette personne, il ne voyait d'ailleurs que les chevilles et la tête émergeant d'un peignoir de flanelle blanche, clos avec soin. On le disait sensuel et viveur. C'est donc par la seule grâce de la forme qu'il fut capté d'abord : puis il fut retenu par le charme d'un doux esprit de jeune fille, simple et bon, frais comme les joues et les lèvres.

Présenté à la famille, il plut et il devint bientôt fou d'amour. Quand il apercevait Berthe Lannis de loin, sur la longue plage de sable jaune, il frémissait jusqu'aux cheveux. Près d'elle, il devenait muet, incapable de rien dire et même de penser, avec une espèce de bouillonnement dans le cœur, de bourdonnement dans l'oreille, d'effarement dans l'esprit. Était-ce donc de l'amour, cela?

Il ne le savait pas, n'y comprenait rien, mais demeurait, en tout cas, bien décidé à faire sa femme de cette enfant.

Les parents hésitèrent longtemps, retenus par la mauvaise réputation du jeune homme. Il avait une maîtresse, disait-on, une *vieille maîtresse*, une ancienne et forte liaison, une de ces chaînes qu'on croit rompues et qui tiennent toujours.

Outre cela, il aimait, pendant des périodes plus ou moins longues, toutes les femmes qui passaient à portée de ses lèvres.

Alors il se rangea, sans consentir même à revoir une seule fois celle avec qui il avait vécu longtemps. Un ami régla la pension de cette femme, assura son existence. Jacques paya, mais ne voulut pas entendre parler d'elle, prétendant désormais ignorer jusqu'à son nom. Elle écrivit des lettres sans qu'il les ouvrit. Chaque semaine, il reconnaissait l'écriture maladroite de l'abandonnée; et, chaque semaine, une colère plus grande lui venait contre elle, et il déchirait brusquement l'enveloppe et le papier, sans ouvrir, sans lire une ligne, une seule ligne, sachant d'avance les reproches et les plaintes contenues là-dedans.

Comme on ne croyait guère à sa persévérance, on fit durer

l'épreuve tout l'hiver, et c'est seulement au printemps que sa demande fut agréée.

Le mariage eut lieu à Paris dans les premiers jours de mai.

Il était décidé qu'ils ne feraient point le classique voyage de noces. Après un petit bal, une sauterie de jeunes cousines qui ne se prolongerait point au delà de onze heures, pour ne pas éterniser les fatigues de cette journée de cérémonies, les jeunes époux devaient passer leur première nuit commune dans la maison familiale, puis partir seuls, le lendemain matin, pour la plage chère à leurs cœurs, où ils s'étaient connus et aimés.

La nuit était venue, on dansait dans le grand salon. Ils s'étaient retirés tous les deux dans un petit boudoir japonais, tendu de soies éclatantes, à peine éclairé, ce soir-là, par les rayons alanguis d'une grosse lanterne de couleur, pendue au plafond comme un œuf énorme. La fenêtre entr'ouverte laissait entrer parfois des souffles frais du dehors, des caresses d'air qui passaient sur les visages, car la soirée était tiède et calme, pleine d'odeurs de printemps.

Ils ne disaient rien; ils se tenaient les mains en se les pressant parfois de toute leur force. Elle demeurait, les yeux vagues, un peu éperdue par ce grand changement dans sa vie, mais souriante, remuée, prête à pleurer, souvent prête aussi à défaillir de joie, croyant le monde entier changé par ce qui lui arrivait, inquiète sans savoir de quoi, et sentant tout son corps, toute son âme envahis d'une indéfinissable et délicieuse lassitude.

Lui la regardait obstinément, souriant d'un sourire fixe. Il voulait parler, ne trouvait rien et restait là, mettant toute son ardeur en des pressions de mains. De temps en temps, il murmurait : « Berthe! » et chaque fois elle levait les yeux sur lui d'un mouvement doux et tendre; ils se contemplaient une seconde, puis son regard à elle, pénétré et fasciné par son regard à lui, retombait.

Ils ne découvraient aucune pensée à échanger. On les laissait seuls; mais parfois, un couple de danseurs jetait sur eux, en passant, un coup d'œil furtif, comme s'il eût été témoin discret et confident d'un mystère.

Une porte de côté s'ouvrit, un domestique entra, tenant sur un plateau une lettre pressée qu'un commissionnaire venait d'apporter. Jacques prit en tremblant ce papier, saisi d'une peur vague et soudaine, la peur mystérieuse des brusques malheurs.

Il regarda longtemps l'enveloppe dont il ne connaissait point l'écriture, n'osant pas l'ouvrir, désirant follement ne pas lire, ne pas savoir, mettre en sa poche cela, et se dire : « A demain. Demain, je serai loin, peu m'importe ! » Mais, sur un coin, deux grands mots soulignés : TRÈS URGENT, le retenaient et l'épouvantaient. Il demanda : « Vous permettez, mon amie ? » déchira la feuille collée et lut. Il lut le papier, pâlissant affreusement, le parcourut d'un coup et, lentement, sembla l'épeler.

Quand il releva la tête, toute sa face était bouleversée. Il balbutia : « Ma chère petite, c'est... c'est mon meilleur ami à qui il arrive un grand, un très grand malheur. Il a besoin de moi tout de suite... tout de suite... pour une affaire de vie ou de mort. Me permettez-vous de m'absenter vingt minutes ? je reviens aussitôt. »

Elle bégaya, tremblante, effarée : « Allez, mon ami ! » n'étant pas encore assez sa femme pour oser l'interroger, pour exiger savoir. Et il disparut. Elle resta seule, écoutant danser dans le salon voisin.

Il avait pris un chapeau, le premier trouvé, un pardessus quelconque, et il descendit en courant l'escalier. Au moment de sauter dans la rue, il s'arrêta encore sous le bec de gaz du vestibule et relut la lettre.

Voici ce qu'elle disait :

« Monsieur,

« Une fille Ravet, votre ancienne maîtresse, paraît-il, vient d'accoucher d'un enfant qu'elle prétend être à vous. La mère va mourir et implore votre visite. Je prends la liberté de vous écrire et de vous demander si vous pouvez accorder ce dernier entretien à cette femme, qui semble être très malheureuse et digne de pitié.

« Votre serviteur,

« D<sup>r</sup> BONNARD. »

Quand il pénétra dans la chambre de la mourante, elle agonisait déjà. Il ne la reconnut pas d'abord. Le médecin et deux gardes la soignaient, et partout à terre traînaient des seaux pleins de glace et des linges pleins de sang.

L'eau répandue inondait le parquet; deux bougies brûlaient sur un meuble; derrière le lit, dans un petit berceau d'osier, l'enfant criait, et, à chacun de ses vagissements, la mère, torturée, essayait un mouvement, grelottante sous les compresses gelées.

Elle saignait; elle saignait, blessée à mort, tuée par cette naissance. Toute sa vie coulait; et, malgré la glace, malgré les soins, l'invincible hémorragie continuait, précipitait son heure dernière.

Elle reconnut Jacques et voulut lever les bras : elle ne put pas, tant ils étaient faibles, mais sur ses joues livides des larmes commencèrent à glisser.

Il s'abattit à genoux près du lit, saisit une main pendante et la baisa frénétiquement : puis, peu à peu, il s'approcha tout près, tout près du maigre visage qui tressaillait à son contact. Une des gardes, debout, une bougie à la main, les éclairait, et le médecin, s'étant reculé, regardait du fond de la chambre.

Alors d'une voix déjà lointaine, en haletant, elle dit : « Je vais mourir, mon chéri; promets-moi de rester jusqu'à la fin. Oh ! ne me quitte pas maintenant, ne me quitte pas au dernier moment! »

Il la baisait au front, dans ses cheveux, en sanglotant. Il murmura : « Sois tranquille, je vais rester. »

Elle fut quelques minutes avant de pouvoir parler encore, tant elle était oppressée et défaillante. Elle reprit : « C'est à toi, le petit. Je te le jure devant Dieu, je te le jure sur mon âme, je te le jure au moment de mourir. Je n'ai pas aimé d'autre homme que toi... Promets-moi de ne pas l'abandonner. » Il essayait de prendre encore dans ses bras ce misérable corps déchiré, vidé de sang. Il balbutia, affolé de remords et de chagrin : « Je te le jure, je l'élèverai et je l'aimerai. Il ne me quittera pas. » Alors elle tenta d'embrasser Jacques. Impuissante à lever sa tête épuisée, elle tendait ses lèvres

blanches dans un appel de baiser. Il approcha sa bouche pour
cueillir cette lamentable et suppliante caresse.

Un peu calmée, elle murmura tout bas : « Apporte-le, que
je voie si tu l'aimes. »

Et il alla chercher l'enfant.

Il le posa doucement sur le lit, entre eux, et le petit être
cessa de pleurer. Elle murmura : « Ne bouge plus ! » Et il ne
remua plus. Il resta là, tenant en sa main brûlante cette main
que secouaient des frissons d'agonie, comme il avait tenu,
tout à l'heure, une autre main que crispaient des frissons
d'amour. De temps en temps, il regardait l'heure, d'un coup
d'œil furtif, guettant l'aiguille qui passait minuit, puis une
heure, puis deux heures.

Le médecin s'était retiré; les deux gardes, après avoir rôdé
quelque temps, d'un pas léger, par la chambre, sommeillaient
maintenant sur des chaises. L'enfant dormait, et la mère, les
yeux fermés, semblait se reposer aussi.

Tout à coup, comme le jour blafard filtrait entre les rideaux
croisés, elle tendit ses bras d'un mouvement si brusque et si
violent qu'elle faillit jeter à terre son enfant. Une espèce de
râle se glissa dans sa gorge; puis elle demeura sur le dos,
immobile, morte.

Les gardes accourues déclarèrent : « C'est fini. »

Il regarda une dernière fois cette femme qu'il avait aimée,
puis la pendule qui marquait quatre heures, et s'enfuit oubliant son pardessus, en habit noir, avec l'enfant dans ses
bras.

Après qu'il l'eut laissée seule, sa jeune femme avait attendu,
assez calme d'abord, dans le petit boudoir japonais. Puis, ne
le voyant point reparaître, elle était rentrée dans le salon,
d'un air indifférent et tranquille, mais inquiète horriblement.
Sa mère, l'apercevant seule, avait demandé : « Où donc est
ton mari ? » Et elle avait répondu : « Dans sa chambre; il va
revenir. »

Au bout d'une heure, comme tout le monde l'interrogeait,
elle avoua la lettre et la figure bouleversée de Jacques, et ses
craintes d'un malheur.

On attendit encore. Les invités partirent; seuls, les parents les plus proches demeuraient. A minuit, on coucha la mariée toute secouée de sanglots. Sa mère et deux tantes, assises autour du lit, l'écoutaient pleurer, muettes et désolées... Le père était parti chez le commissaire de police pour chercher des renseignements.

A cinq heures, un bruit léger glissa dans le corridor ; une porte s'ouvrit et se ferma doucement ; puis soudain un petit cri pareil à un miaulement de chat courut dans la maison silencieuse.

Toutes les femmes furent debout d'un bond, et Berthe, la première, s'élança, malgré sa mère et ses tantes, enveloppée de son peignoir de nuit.

Jacques, debout au milieu de sa chambre, livide, haletant, tenait un enfant dans ses bras.

Les quatre femmes le regardèrent, effarées ; mais Berthe, devenue soudain téméraire, le cœur crispé d'angoisse, courut à lui : « Qu'y a-t-il ? dites, qu'y a-t-il ? »

Il avait l'air fou ; il répondit d'une voix saccadée : « Il y a... il y a... que j'ai un enfant, et que la mère vient de mourir... » Et il présentait dans ses mains inhabiles le marmot hurlant.

Berthe, sans dire un mot, saisit l'enfant, l'embrassa, l'étreignant contre elle ; puis, relevant sur son mari ses yeux pleins de larmes : « La mère est morte, dites-vous ? » Il répondit : « Oui, tout de suite... dans mes bras... J'avais rompu depuis l'été... Je ne savais rien, moi... c'est le médecin qui m'a fait venir... »

Alors Berthe murmura : « Eh bien, nous l'élèverons, ce petit.

# CONTE DE NOËL

*Illustration de ADRIEN MARIE*

# CONTE DE NOËL

Le docteur Bonenfant cherchait dans sa mémoire, répétant à mi-voix : « Un souvenir de Noël ?... Un souvenir de Noël ?... »

Et tout à coup, il s'écria :

— Mais si, j'en ai un, et un bien étrange encore ; c'est une histoire fantastique. J'ai vu un miracle ! Oui, Mesdames, un miracle, la nuit de Noël.

Cela vous étonne de m'entendre parler ainsi, moi qui ne crois guère à rien. Et pourtant, j'ai vu un miracle ! Je l'ai vu, dis-je, vu, de mes propres yeux vu, ce qui s'appelle vu.

En ai-je été fort surpris ? non pas ; car si je ne crois point à vos croyances, je crois à la foi, et je sais qu'elle transporte les montagnes. Je pourrais citer bien des exemples ; mais je vous indignerais et je m'exposerais aussi à amoindrir l'effet de mon histoire.

Je vous avouerai d'abord que si je n'ai pas été convaincu et converti par ce que j'ai vu, j'ai été du moins fort ému, et je vais tâcher de vous dire la chose naïvement, comme si j'avais une crédulité d'Auvergnat.

J'étais alors médecin de campagne, habitant le bourg de Rolleville, en pleine Normandie.

L'hiver, cette année-là, fut terrible. Dès la fin de novembre, les neiges arrivèrent après une semaine de gelées. On voyait de loin les gros nuages venir du nord; et la blanche descente des flocons commença.

En une nuit, toute la pleine fut ensevelie.

Les fermes, isolées dans leurs cours carrées, derrière leurs rideaux de grands arbres poudrés de frimas, semblaient s'endormir sous l'accumulation de cette mousse épaisse et légère.

Aucun bruit ne traversait plus la campagne immobile. Seuls les corbeaux, par bandes, décrivaient de longs festons dans le ciel, cherchant leur vie inutilement, s'abattant tous ensemble sur les champs livides et piquant la neige de leurs grands becs.

On n'entendait rien que le glissement vague et continu de cette poussière gelée tombant toujours.

Cela dura huit jours pleins, puis l'avalanche s'arrêta. La terre avait sur le dos un manteau épais de cinq pieds.

Et, pendant trois semaines ensuite, un ciel, clair comme un cristal bleu le jour, et, la nuit, tout semé d'étoiles qu'on aurait crues de givre, tant le vaste espace était rigoureux, s'étendit sur la nappe unie, dure et luisante des neiges.

La plaine, les haies, les ormes des clôtures, tout semblait mort, tué par le froid. Ni hommes ni bêtes ne sortaient plus; seules les cheminées des chaumières en chemise blanche révélaient la vie cachée, par les minces filets de fumée qui montaient droit dans l'air glacial.

De temps en temps on entendait craquer les arbres, comme si leurs membres de bois se fussent brisés sous l'écorce; et, parfois, une grosse branche se détachait et tombait, l'invincible gelée pétrifiant la sève et cassant les fibres.

Les habitations semées çà et là par les champs semblaient éloignées de cent lieues les unes des autres. On vivait comme on pouvait. Seul, j'essayais d'aller voir mes clients les plus proches, m'exposant sans cesse à rester enseveli dans quelque creux.

Je m'aperçus bientôt qu'une terreur mystérieuse planait sur lo pays. Un tel fléau, pensait-on, n'était point naturel. On prétendit qu'on entendait des voix la nuit, des sifflements aigus, des cris qui passaient.

Ces cris et ces sifflements venaient sans aucun doute des oiseaux émigrants qui voyagent au crépuscule, et qui fuyaient en masse vers le sud. Mais allez donc faire entendre raison à des gens affolés. Une épouvante envahissait les esprits et on s'attendait à un événement extraordinaire.

La forge du père Vatinel était située au bout du hameau d'Épivent, sur la grande route, maintenant invisible et déserte. Or, comme les gens manquaient de pain, le forgeron résolut d'aller jusqu'au village. Il resta quelques heures à causer dans les six maisons qui forment le centre du pays, prit son pain et des nouvelles, et un peu de cette peur épandue sur la campagne.

Et il se remit en route avant la nuit.

Tout à coup, en longeant une haie, il crut voir un œuf sur la neige ; oui, un œuf, déposé là, tout blanc comme le reste du monde. Il se pencha, c'était un œuf en effet. D'où venait-il ? Quelle poule avait pu sortir du poulailler et venir pondre en cet endroit ? Le forgeron s'étonna, ne comprit pas ; mais il ramassa l'œuf et le porta à sa femme.

— Tiens, la maîtresse, v'là un œuf que j'ai trouvé sur la route !

La femme hocha la tête : — Un œuf sur la route ? Par ce temps-ci, t'es soûl, bien sûr ?

— Mais non, la maîtresse, même qu'il était au pied d'une haie, et encore chaud, pas gelé. Le v'là, j'me l'ai mis sur l'estomac pour qui n'refroidisse pas. Tu le mangeras pour ton dîner.

L'œuf fut glissé dans la marmite où mijotait la soupe, et le forgeron se mit à raconter ce qu'on disait par la contrée.

La femme écoutait, toute pâle.

— Pour sûr, que j'en ai entendu, des sifflets, l'autre nuit, même qu'ils semblaient v'nir de la cheminée.

On se mit à table, on mangea la soupe d'abord, puis, pendant que le mari étendait du beurre sur son pain, la femme prit l'œuf et l'examina d'un œil méfiant.

— Si y avait qué que chose dans c't'œuf ?

— Qué que tu veux qu'y ait ?

— J' sais ti, mé ?

— Allons, mange-le, et fais pas la bête.

Elle ouvrit l'œuf. Il était comme tous les œufs, et bien frais.

Elle se mit à le manger en hésitant, le goûtant, le laissant, le reprenant. Le mari disait :

— Eh bien ! qué goût qu'il a, c't'œuf ?

Elle ne répondait pas, et elle acheva de l'avaler ; puis, soudain elle planta sur son homme des yeux fixes, hagards, affolés ; leva les bras, les tordit et, convulsée de la tête aux pieds, roula par terre en poussant des cris horribles.

Toute la nuit elle se débattit en des spasmes épouvantables, secouée de tremblements effrayants, déformée par de hideuses convulsions. Le forgeron, impuissant à la tenir, fut obligé de la lier.

Et elle hurlait sans repos, d'une voix infatigable :

— J' l'ai dans l' corps ! J' l'ai dans l' corps !

Je fus appelé le lendemain. J'ordonnai tous les calmants connus sans obtenir le moindre résultat. Elle était folle.

Alors, avec une incroyable rapidité, malgré l'obstacle des hautes neiges, la nouvelle, une nouvelle étrange, courut de ferme en ferme : « La femme au forgeron qu'est possédée ! » Et on venait de partout, sans oser pénétrer dans la maison ; on écoutait de loin ses cris affreux poussés d'une voix si forte qu'on ne les aurait pas crus d'une créature humaine.

Le curé du village fut prévenu. C'était un vieux prêtre naïf. Il accourut en surplis comme pour administrer un mourant et il prononça, en étendant les mains, les formules d'exorcisme, pendant que quatre hommes maintenaient sur un lit la femme écumante et tordue.

Mais l'esprit ne fut point chassé.

Et la Noël arriva sans que le temps eût changé.

La veille au matin, le prêtre vint me trouver :

— J'ai envie, dit-il, de faire assister à l'office de cette nuit cette malheureuse. Peut-être Dieu fera-t-il un miracle en sa faveur, à l'heure même où il naquit d'une femme.

Je répondis au curé :

— Je vous approuve absolument, Monsieur l'abbé. Si elle a

l'esprit frappé par la cérémonie sacrée (et rien n'est plus propice à l'émouvoir), elle peut être sauvée sans autre remède.

Le vieux prêtre murmura :

— Vous n'êtes pas croyant, docteur, mais aidez-moi, n'est-ce pas ? Vous vous chargez de l'amener ?

Et je lui promis mon aide.

Le soir vint, puis la nuit ; et la cloche de l'église se mit à sonner, jetant sa voix plaintive à travers l'espace morne, sur l'étendue blanche et glacée des neiges.

Des êtres noirs s'en venaient lentement, par groupes, dociles au cri d'airain du clocher. La pleine lune éclairait d'une lueur vive et blafarde tout l'horizon, rendait plus visible la pâle désolation des champs.

J'avais pris quatre hommes robustes et je me rendis à la forge.

La Possédée hurlait toujours, attachée à sa couche. On la vêtit proprement malgré sa résistance éperdue, et on l'emporta.

L'église était maintenant pleine de monde, illuminée et froide ; les chantres poussaient leurs notes monotones ; le serpent ronflait ; la petite sonnette de l'enfant de chœur tintait, réglant les mouvements des fidèles.

J'enfermai la femme et ses gardiens dans la cuisine du presbytère, et j'attendis le moment que je croyais favorable.

Je choisis l'instant qui suit la communion. Tous les paysans, hommes et femmes, avaient reçu leur Dieu pour fléchir sa rigueur. Un grand silence planait pendant que le prêtre achevait le mystère divin.

Sur mon ordre, la porte fut ouverte et mes quatre aides apportèrent la folle.

Dès qu'elle aperçut les lumières, la foule à genoux, le chœur en feu et le tabernacle doré, elle se débattit d'une telle vigueur qu'elle faillit nous échapper, et elle poussa des clameurs si aiguës qu'un frisson d'épouvante passa dans l'église ; toutes les têtes se relevèrent ; des gens s'enfuirent.

Elle n'avait plus la forme d'une femme, crispée et tordue en nos mains, le visage contourné, les yeux fous.

On la traîna jusqu'aux marches du chœur et puis on la tint fortement accroupie à terre.

Le prêtre s'était levé ; il attendait. Dès qu'il la vit arrêtée, il prit en ses mains l'ostensoir ceint de rayons d'or, avec l'hostie blanche au milieu, et, s'avançant de quelques pas, il l'éleva de ses deux bras tendus au-dessus de sa tête, le présentant aux regards égarés de la Démoniaque.

Elle hurlait toujours, l'œil fixé, tendu sur cet objet rayonnant.

Et le prêtre demeurait tellement immobile qu'on l'aurait pris pour une statue.

Et cela dura longtemps, longtemps.

La femme semblait saisie de peur, fascinée ; elle contemplait fixement l'ostensoir, secouée encore de tremblements terribles, mais passagers, et criant toujours, mais d'une voix moins déchirante.

Et cela dura encore longtemps.

On eût dit qu'elle ne pouvait plus baisser les yeux, qu'ils étaient rivés sur l'hostie ; et elle ne faisait plus que gémir ; et son corps roidi s'amollissait, s'affaissait.

Toute la foule était prosternée le front par terre.

La Possédée maintenant baissait rapidement les paupières, puis les relevait aussitôt, comme impuissante à supporter la vue de son Dieu. Elle s'était tue. Et puis soudain, je m'aperçus que ses yeux demeuraient clos. Elle dormait du sommeil des somnambules, hypnotisée, pardon, vaincue par la contemplation persistante de l'ostensoir aux rayons d'or, terrassée par le Christ victorieux.

On l'emporta, inerte, pendant que le prêtre remontait vers l'autel.

L'assistance bouleversée entonna un *Te Deum* d'actions de grâces.

Et la femme du forgeron dormit quarante heures de suite, puis se réveilla sans aucun souvenir de la possession ni de la délivrance.

Voilà, Mesdames, le miracle que j'ai vu.

Le docteur Bonenfant se tut, puis ajouta d'une voix contrariée :

— Je n'ai pu refuser de l'attester par écrit.

# LA REINE HORTENSE

Illustration de *MYRBACH*

# LA REINE HORTENSE

On l'appelait, dans Argenteuil, la reine Hortense. Personne ne sut jamais pourquoi. Peut-être parce qu'elle parlait ferme comme un officier qui commande? Peut-être parce qu'elle était grande, osseuse, impérieuse? Peut-être parce qu'elle gouvernait un peuple de bêtes domestiques, poules, chiens, chats,

serins et perruches, de ces bêtes chères aux vieilles filles ?
Mais elle n'avait pour ces animaux familiers ni gâteries, ni
mots mignards, ni ces puériles tendresses qui semblent
couler des lèvres des femmes sur le poil velouté du chat qui
ronronne. Elle gouvernait ses bêtes avec autorité ; elle régnait.

C'était une vieille fille, en effet, une de ces vieilles filles à
la voix cassante, au geste sec, dont l'âme semble dure. Elle
avait toujours eu de jeunes bonnes, parce que la jeunesse se
plie mieux aux brusques volontés. Elle n'admettait jamais ni
contradiction, ni réplique, ni hésitation, ni nonchalance, ni
paresse, ni fatigue. Jamais on ne l'avait entendue se plaindre,
regretter quoi que ce fût, envier n'importe qui. Elle disait
« Chacun sa part » avec une conviction de fataliste. Elle n'allait pas à l'église, n'aimait pas les prêtres, ne croyait guère à
Dieu, appelant toutes les choses religieuses de la « marchan-
dise à pleureurs ».

Depuis trente ans qu'elle habitait sa petite maison, précédée
d'un petit jardin longeant la rue, elle n'avait jamais modifié
ses habitudes, ne changeant que ses bonnes impitoyablement,
lorsqu'elles prenaient vingt et un ans.

Elle remplaçait sans larmes et sans regrets ses chiens, ses
chats et ses oiseaux quand ils mouraient de vieillesse ou d'ac-
cident, et elle enterrait les animaux trépassés dans une plate-
bande, au moyen d'une petite bêche, puis tassait la terre dessus de quelques coups de pied indifférents.

Elle avait dans la ville quelques connaissances, des familles
d'employés dont les hommes allaient à Paris tous les jours.
De temps en temps, on l'invitait à venir prendre une tasse de
thé le soir. Elle s'endormait inévitablement dans ces réunions,
et il fallait la réveiller pour qu'elle retournât chez elle. Jamais
elle ne permit à personne de l'accompagner, n'ayant peur ni
le jour ni la nuit. Elle ne semblait pas aimer les enfants.

Elle occupait son temps à mille besognes de mâle, menui-
sant, jardinant, coupant le bois avec la scie ou la hache, répa-
rant sa maison vieillie, maçonnant même quand il le fallait.

Elle avait des parents qui la venaient voir deux fois l'an ;
les Cimme et les Colombel, ses deux sœurs ayant épousé l'une
un herboriste, l'autre un petit rentier. Les Cimme n'avaient

pas de descendants; les Colombel en possédaient trois : Henri, Pauline et Joseph. Henri avait vingt ans, Pauline dix-sept et Joseph trois ans seulement, étant venu alors qu'il semblait impossible que sa mère fût encore fécondée.

Aucune tendresse n'unissait la vieille fille à ses parents.

Au printemps de l'année 1882, la reine Hortense tomba malade tout à coup. Les voisins allèrent chercher un médecin qu'elle chassa. Un prêtre s'étant alors présenté, elle sortit de son lit à moitié nue pour le jeter dehors.

La petite bonne, éplorée, lui faisait de la tisane.

Après trois jours de lit, la situation parut devenir si grave, que le tonnelier d'à côté, d'après le conseil du médecin, rentré d'autorité dans la maison, prit sur lui d'appeler les deux familles.

Elles arrivèrent par le même train vers dix heures du matin, les Colombel ayant amené le petit Joseph.

Quand elles se présentèrent à l'entrée du jardin, elles aperçurent d'abord la bonne qui pleurait, sur une chaise, contre le mur.

Le chien dormait couché sur le paillasson de la porte d'entrée, sous une brûlante tombée de soleil ; deux chats, qu'on eût crus morts, étaient allongés sur le rebord des deux fenêtres, les yeux fermés, les pattes et la queue tout au long étendues.

Une grosse poule gloussante promenait un bataillon de poussins, vêtus de duvet jaune, léger comme de la ouate, à travers le petit jardin; et une grande cage accrochée au mur, couverte de mouron, contenait un peuple d'oiseaux qui s'égosillaient dans la lumière de cette chaude matinée de printemps.

Deux inséparables dans une autre cagette en forme de chalet restaient bien tranquilles, côte à côte sur leur bâton.

M. Cimme, un très gros personnage soufflant, qui entrait toujours le premier partout, écartant les autres, hommes ou femmes, quand il le fallait, demanda :

— Eh bien, Céleste, ça ne va donc pas?

La petite bonne gémit à travers ses larmes : — Elle ne me reconnaît seulement plus. Le médecin dit que c'est la fin.

Tout le monde se regarda.

M<sup>me</sup> Cimme et M<sup>me</sup> Colombel s'embrassèrent instantanément, sans dire un mot. Elles se ressemblaient beaucoup, ayant toujours porté des bandeaux plats et des châles rouges, des cachemires français éclatants comme des brasiers.

Cimme se tourna vers son beau-frère, homme pâle, jaune et maigre, ravagé par une maladie d'estomac, et qui boitait affreusement, et il prononça d'un ton sérieux :

— Bigre ! il était temps.

Mais personne n'osait pénétrer dans la chambre de la mourante située au rez-de-chaussée. Cimme lui-même cédait le pas. Ce fut Colombel qui se décida le premier, et il entra en se balançant comme un mât de navire, faisant sonner sur les pavés le fer de sa canne.

Les deux femmes se hasardèrent ensuite, et M. Cimme ferma la marche.

Le petit Joseph était resté dehors, séduit par la vue du chien.

Un rayon de soleil coupait en deux le lit, éclairant tout juste les mains qui s'agitaient nerveusement, s'ouvrant et se fermant sans cesse. Les doigts remuaient comme si une pensée les eût animés, comme s'ils eussent signifié des choses, indiqué des idées, obéi à une intelligence. Tout le reste du corps restait immobile sous le drap. La figure anguleuse n'avait pas un tressaillement. Les yeux demeuraient fermés.

Les parents se déployèrent en demi-cercle et se mirent à regarder, sans dire un mot, la poitrine serrée, la respiration courte. La petite bonne les avait suivis et larmoyait toujours.

A la fin, Cimme demanda : — Qu'est-ce que dit au juste le médecin ?

La servante balbutia : — Il dit qu'on la laisse tranquille, qu'il n'y a plus rien à faire.

Mais, soudain, les lèvres de la vieille fille se mirent à s'agiter. Elles semblaient prononcer des mots silencieux, des mots cachés dans cette tête de mourante, et ses mains précitaient leur mouvement singulier.

Tout à coup elle parla d'une petite voix maigre qu'on ne lui connaissait pas, d'une voix qui semblait venir de loin, du fond de ce cœur toujours fermé peut-être ?

Cimme s'en alla sur la pointe du pied, trouvant pénible ce spectacle. Colombel, dont la jambe estropiée se fatiguait, s'assit.

Les deux femmes restaient debout.

La reine Hortense babillait maintenant très vite sans qu'on comprît rien à ses paroles. Elle prononçait des noms, beaucoup de noms, appelait tendrement des personnes imaginaires.

« Viens ici, mon petit Philippe, embrasse ta mère. Tu l'aimes bien ta maman, dis, mon enfant ? Toi, Rose, tu vas veiller sur ta petite sœur pendant que je serai sortie. Surtout, ne la laisse pas seule, tu m'entends ? Et je te défends de toucher aux allumettes. »

Elle se taisait quelques secondes, puis, d'un ton plus haut, comme si elle eût appelé : « Henriette ! » Elle attendait un peu, et reprenait : « Dis à ton père de venir me parler avant d'aller à son bureau. » Et soudain : « Je suis un peu souffrante aujourd'hui, mon chéri ; promets-moi de ne pas revenir tard. Tu diras à ton chef que je suis malade. Tu comprends qu'il est dangereux de laisser les enfants seuls quand je suis au lit. Je vais te faire pour le dîner un plat de riz au sucre. Les petits aiment beaucoup cela. C'est Claire qui sera contente ! »

Elle se mettait à rire, d'un rire jeune et bruyant, comme elle n'avait jamais ri : « Regarde Jean, quelle drôle de tête il a. Il s'est barbouillé avec les confitures, le petit sale. Regarde donc, mon chéri, comme il est drôle ! »

Colombel, qui changeait de place à tout moment sa jambe fatiguée par le voyage, murmura :

— Elle rêve qu'elle a des enfants et un mari, c'est l'agonie qui commence.

Les deux sœurs ne bougeaient toujours point, surprises et stupides.

La petite bonne prononça :

— Faut retirer vos châles et vos chapeaux ; voulez-vous passer dans la salle ?

Elles sortirent sans avoir prononcé une parole, et Colombel les suivit en boitant, laissant de nouveau toute seule la mourante.

Quand elles se furent débarrassées de leurs vêtements de route, les femmes s'assirent enfin. Alors un des chats quitta sa fenêtre, s'étira, sauta dans la salle, puis sur les genoux de Mᵐᵉ Cimme, qui se mit à le caresser.

On entendait à côté la voix de l'agonisante, vivant, à cette heure dernière, la vie qu'elle avait attendue sans doute, vidant ses rêves eux-mêmes au moment où tout allait finir pour elle.

Cimme, dans le jardin, jouait avec le petit Joseph et le chien, s'amusant beaucoup, d'une gaieté de gros homme aux champs, sans aucun souvenir de la mourante.

Mais tout à coup il rentra, et, s'adressant à la bonne :

— Dis donc, ma fille, tu vas nous faire à déjeuner. Qu'est-ce que vous allez manger, mesdames?

On convint d'une omelette aux fines herbes, d'un morceau de faux-filet avec des pommes nouvelles, d'un fromage et d'une tasse de café.

Et comme M^me Colombel fouillait dans sa poche pour chercher son porte-monnaie, Cimme l'arrêta; puis, se tournant vers la bonne : — Tu dois avoir de l'argent? Elle répondit :

— Oui, Monsieur.

— Combien?

— Quinze francs.

— Ça suffit. Dépêche-toi, ma fille, car je commence à avoir faim.

M^me Cimme, regardant au dehors les fleurs grimpantes baignées de soleil, et deux pigeons amoureux sur le toit en face, prononça d'un air navré : — C'est malheureux d'être venus pour une aussi triste circonstance. Il ferait bien bon dans la campagne aujourd'hui.

Sa sœur soupira sans répondre, et Colombel murmura, ému peut-être par la pensée d'une marche : — Ma jambe me tracasse bougrement.

Le petit Joseph et le chien faisaient un bruit terrible : l'un poussant des cris de joie, l'autre aboyant éperdument. Ils jouaient à cache-cache autour des trois plates-bandes, courant l'un après l'autre comme deux fous.

La mourante continuait à appeler ses enfants, causant avec chacun, s'imaginant qu'elle les habillait, qu'elle les caressait, qu'elle leur apprenait à lire : « Allons! Simon, répète : A B C D. Tu ne dis pas bien, voyons, D D D, m'entends-tu ? Répète alors... »

Cimme prononça : — C'est curieux ce que l'on dit à ces moments-là.

M^me Colombel alors demanda : — Il vaudrait peut-être mieux retourner auprès d'elle. Mais Cimme aussitôt l'en dissuada : — Pourquoi faire, puisque vous ne pouvez rien changer à son état ? Nous sommes aussi bien ici.

Personne n'insista. M^me Cimme considéra les deux oiseaux verts, dits inséparables. Elle loua en quelques phrases cette fidélité singulière et blâma les hommes de ne pas imiter ces bêtes. Cimme se mit à rire, regarda sa femme, chantonna d'un air goguenard : « Tra-la-la. Tra-la-la-la », comme pour laisser entendre bien des choses sur sa fidélité, à lui, Cimme.

Colombel, pris maintenant de crampes d'estomac, frappait le pavé de sa canne.

L'autre chat entra la queue en l'air.

On ne se mit à table qu'à une heure.

Dès qu'il eut goûté au vin, Colombel, à qui on avait recommandé de ne boire que du bordeaux de choix, rappela la servante :

— Dis donc, ma fille, est-ce qu'il n'y a rien de meilleur que cela dans la cave ?

— Oui monsieur, il y a du vin fin qu'on vous servait quand vous veniez.

— Eh bien, va nous en chercher trois bouteilles.

On goûta ce vin qui parut excellent ; non pas qu'il provînt d'un cru remarquable, mais il avait quinze ans de cave. Cimme déclara : — C'est du vrai vin de malade.

Colombel, saisi d'une envie ardente de posséder ce bordeaux, interogea de nouveau la bonne : — Combien en reste-t-il, ma fille ?

— Oh ! presque tout, Monsieur, mamz'elle n'en buvait jamais. C'est le tas du fond.

Alors il se tourna vers son beau-frère : — Si vous vouliez, Cimme, je vous reprendrais ce vin-là pour autre chose, il convient merveilleusement à mon estomac.

La poule était entrée à son tour avec son troupeau de poussins ; les deux femmes s'amusaient à lui jeter des miettes.

On renvoya au jardin Joseph et le chien qui avaient assez mangé.

La reine Hortense parlait toujours, mais à voix basse

maintenant, de sorte qu'on ne distinguait plus les paroles.

Quand on eut achevé le café, tout le monde alla constater l'état de la malade. Elle semblait calme.

On ressortit et on s'assit en cercle dans le jardin pour digérer.

Tout à coup le chien se mit à tourner autour des chaises de toute la vitesse de ses pattes, portant quelque chose en sa gueule. L'enfant courait derrière éperdument. Tous deux disparurent dans la maison.

Cimme s'endormit le ventre au soleil.

La mourante se remit à parler haut. Puis, tout à coup, elle cria.

Les deux femmes et Colombel s'empressèrent de rentrer pour voir ce qu'elle avait. Cimme, réveillé, ne se dérangea pas, n'aimant point ces choses-là.

Elle s'était assise, les yeux hagards. Son chien, pour échapper à la poursuite du petit Joseph, avait sauté sur le lit, franchi l'agonisante; et, retranché derrière l'oreiller, il regardait son camarade de ses yeux luisants, prêt à sauter de nouveau pour recommencer la partie. Il tenait à la gueule une des pantoufles de sa maîtresse, déchirée à coups de crocs, depuis une heure qu'il jouait avec.

L'enfant, intimidé par cette femme dressée soudain devant lui, restait immobile en face de la couche.

La poule, entrée aussi, effarouchée par le bruit, avait sauté sur une chaise; et elle appelait désespérément ses poussins qui pépiaient, effarés, entre les quatre jambes du siège.

La reine Hortense criait d'une voix déchirante : « Non, non, je ne veux pas mourir, je ne veux pas! je ne veux pas! Qui est-ce qui élèvera mes enfants? Qui les soignera? Qui les aimera? Non, je ne veux pas!.... je ne... »

Elle se renversa sur le dos. C'était fini.

Le chien, très excité, sauta dans la chambre en gambadant.

Colombel courut à la fenêtre, appela son beau-frère : — Arrivez vite, arrivez vite. Je crois qu'elle vient de passer.

Alors Cimme se leva et, prenant son parti, il pénétra dans la chambre en balbutiant :

— Ç'a été moins long que je n'aurais cru.

# LE PARDON

Illustration de J. ROY

# LE PARDON

Elle avait été élevée dans une de ces familles qui vivent enfermées en elles-mêmes, et qui semblent toujours loin de tout. Elles ignorent les événements politiques, bien qu'on en cause à table; mais les changements de gouvernement se passent si loin, si loin, qu'on parle de cela comme d'un fait historique, comme de la mort de Louis XVI ou du débarquement de Napoléon.

Les mœurs se modifient, les modes se succèdent. On ne s'en aperçoit guère dans la famille calme où l'on suit toujours les coutumes traditionnelles. Et si quelque histoire scabreuse se passe dans les environs, le scandale vient mourir au seuil de la maison. Seuls, le père et la mère, un soir, échangent quelques mots là-dessus, mais à mi-voix, à cause

9

des murs qui ont partout des oreilles. Et, discrètement, le
père dit :

— Tu as su cette terrible affaire dans la famille des Ri-
voil ?

Et la mère répond :

— Qui aurait jamais cru cela ? C'est affreux.

Les enfants ne se doutent de rien, et ils arrivent à l'âge de
vivre à leur tour, avec un bandeau sur les yeux et sur l'esprit, sans soupçonner les dessous de l'existence, sans savoir
qu'on ne pense pas comme on parle, et qu'on ne parle point
comme on agit ; sans savoir qu'il faut vivre en guerre avec
tout le monde, ou du moins en paix armée, sans deviner
qu'on est sans cesse trompé quand on est naïf, joué quand on
est sincère, maltraité quand on est bon.

Les uns vont jusqu'à la mort dans cet aveuglement de pro-
bité, de loyauté, d'honneur ; tellement intègres que rien ne
leur ouvre les yeux.

Les autres, désabusés sans bien comprendre, trébuchent
éperdus, désespérés, et meurent en se croyant les jouets
d'une fatalité exceptionnelle, les victimes misérables d'événements funestes et d'hommes particulièrement criminels.

Les Savignol marièrent leur fille Berthe à dix-huit ans.
Elle épousa un jeune homme de Paris, Georges Baron, qui
faisait des affaires à la Bourse. Il était beau garçon, parlait
bien, avec tous les dehors probes qu'il fallait ; mais au fond
du cœur, il se moquait un peu de ses beaux-parents attardés,
qu'il appelait entre amis : « Mes chers fossiles ».

Il appartenait à une bonne famille ; et la jeune fille était
riche. Il l'emmena vivre à Paris.

Elle devint une de ces provinciales de Paris dont la race
est nombreuse. Elle demeura ignorante de la grande ville, de
son monde élégant, de ses plaisirs, de ses costumes, comme
elle était demeurée ignorante de la vie, de ses perfidies et de
ses mystères.

Enfermée en son ménage, elle ne connaissait guère que sa
rue, et quand elle s'aventurait dans un autre quartier, il lui
semblait accomplir un voyage lointain en une ville inconnue
et étrangère. Elle disait le soir :

— J'ai traversé les boulevards, aujourd'hui.

Deux ou trois fois par an, son mari l'emmenait au théâtre. C'étaient des fêtes dont le souvenir ne s'éteignait plus et dont on reparlait sans cesse.

Quelquefois, à table, trois mois après, elle se mettait brusquement à rire, et s'écriait :

— Te rappelles-tu cet acteur habillé en général et qui imitait le chant du coq?

Toutes ses relations se bornaient à deux familles alliées qui, pour elle, représentaient l'humanité. Elle les désignait en faisant précéder leur nom de l'article « les » — les Martinet et les Michelint.

Son mari vivait à sa guise, rentrant quand il voulait, parfois au jour levant, prétextant des affaires, ne se gênant point, sûr que jamais un soupçon n'effleurerait cette âme candide.

Mais un matin elle reçut une lettre anonyme.

Elle demeura éperdue, ayant le cœur trop droit pour comprendre l'infamie des dénonciations, pour mépriser cette lettre dont l'auteur se disait inspiré par l'intérêt de son bonheur, et la haine du mal, et l'amour de la vérité.

On lui révélait que son mari avait, depuis deux ans, une maîtresse, une jeune veuve, M$^{me}$ Rosset, chez qui il passait toutes ses soirées.

Elle ne sut ni feindre, ni dissimuler, ni épier, ni ruser. Quand il revint pour déjeuner elle lui jeta cette lettre, en sanglotant, et s'enfuit dans sa chambre.

Il eut le temps de comprendre, de préparer sa réponse et il alla frapper à la porte de sa femme. Elle ouvrit aussitôt, n'osant pas le regarder. Il souriait; il s'assit, l'attira sur ses genoux; et d'une voix douce, un peu moqueuse :

« Ma chère petite, j'ai en effet pour amie M$^{me}$ Rosset, que je connais depuis dix ans et que j'aime beaucoup, j'ajouterai que je connais vingt autres familles dont je ne t'ai jamais parlé, sachant que tu ne recherches pas le monde, les fêtes et les relations nouvelles. Mais, pour en finir une fois pour toutes avec ces dénonciations infâmes, je te prierai de t'habiller après le déjeuner et nous irons faire une visite

à cette jeune femme qui deviendra ton amie, je n'en doute
pas. »

Elle embrassa à pleins bras son mari; et, par une de ces
curiosités féminines qui ne s'endorment plus une fois éveil-
lées, elle ne refusa point d'aller voir cette inconnue qui lui
demeurait, malgré tout, un peu suspecte. Elle sentait, par
instinct, qu'un danger connu est presque évité.

Elle entra dans un petit appartement coquet, plein de bibe-
lots, orné avec art, au quatrième étage d'une belle maison.
Au bout de cinq minutes d'attente dans un salon assombri par
des tentures, des portières, des rideaux drapés gracieuse-
ment, une porte s'ouvrit et une jeune femme apparut, très
brune, petite, un peu grasse, étonnée et souriante.

Georges fit les présentations.

— Ma femme, Madame Julie Rosset.

La jeune veuve poussa un léger cri d'étonnement et de
joie, et s'élança, les deux mains ouvertes. Elle n'espérait
point, disait-elle, avoir ce bonheur, sachant que M$^{me}$ Baron
ne voyait personne; mais elle était si heureuse, si heureuse!
Elle aimait tant Georges! (elle disait Georges tout court avec
une fraternelle familiarité), qu'elle avait une envie folle de
connaître sa jeune femme et de l'aimer aussi.

Au bout d'un mois, les deux nouvelles amies ne se quit-
taient plus. Elles se voyaient chaque jour, souvent deux
fois, et dînaient tous les soirs ensemble, tantôt chez l'une,
tantôt chez l'autre. Georges maintenant ne sortait plus guère,
ne prétextait plus d'affaires, adorant, disait-il, son coin du feu.

Enfin, un appartement s'étant trouvé libre dans la maison
habitée par M$^{me}$ Rosset, M$^{me}$ Baron s'empressa de le prendre
pour se rapprocher et se réunir encore davantage.

Et, pendant deux années entières, ce fut une amitié sans un
nuage, une amitié de cœur et d'âme, absolue, tendre, dévouée,
délicieuse. Berthe ne pouvait plus parler sans prononcer le
nom de Julie qui représentait pour elle la perfection.

Elle était heureuse, d'un bonheur parfait, calme et doux.

Mais voici que M$^{me}$ Rosset tomba malade. Berthe ne la
quitta plus. Elle passait les nuits, se désolait; son mari lui-
même était désespéré.

Or, un matin, le médecin, en sortant de sa visite, prit à part Georges et sa femme, et leur annonça qu'il trouvait fort grave l'état de leur amie.

Dès qu'il fut parti, les jeunes gens atterrés, s'assirent l'un en face de l'autre ; puis, brusquement, se mirent à pleurer. Ils veillèrent, la nuit, tous les deux ensemble auprès du lit ; et Berthe, à tout instant, embrassait tendrement la malade, tandis que Georges, debout devant les pieds de sa couche, la contemplait silencieusement avec une persistance acharnée.

Le lendemain, elle allait plus mal encore.

Enfin, vers le soir, elle déclara qu'elle se trouvait mieux, et contraignit ses amis à redescendre chez eux pour dîner.

Ils étaient tristement assis dans leur salle, sans guère manger, quand la bonne remit à Georges une enveloppe. Il l'ouvrit, lut, devint livide et, se levant, il dit à sa femme, d'un air étrange : « Attends-moi, il faut que je m'absente un instant, je serai de retour dans dix minutes. Surtout ne sors pas. »

Et il courut dans sa chambre prendre son chapeau.

Berthe l'attendit, torturée par une inquiétude nouvelle. Mais, docile en tout, elle ne voulait point remonter chez son amie avant qu'il fût revenu.

Comme il ne reparaissait pas, la pensée lui vint d'aller voir en sa chambre s'il avait pris ses gants, ce qui eût indiqué qu'il devait entrer quelque part.

Elle les aperçut du premier coup d'œil. Près d'eux un papier froissé, gisait, jeté là. Elle le reconnut aussitôt, c'était celui qu'on venait de remettre à Georges.

Et une tentation brûlante, la première de sa vie, lui vint de lire, de savoir. Sa conscience révoltée luttait, mais la démangeaison d'une curiosité fouettée et douloureuse poussait sa main. Elle saisit le papier, l'ouvrit, reconnut aussitôt l'écriture, celle de Julie, une écriture tremblée, au crayon. Elle lut : « Viens seul m'embrasser, mon pauvre ami, je vais mourir. »

Elle ne comprit pas d'abord, et restait là stupide, frappée surtout par l'idée de mort. Puis, soudain, le tutoiement saisit sa pensée ; et ce fut comme un grand éclair illuminant son existence, lui montrant toute l'infâme vérité, toute leur trahison, toute leur perfidie. Elle comprit leur longue astuce, leurs regards, sa bonne foi jouée, sa confiance trompée. Elle les revit l'un en face de l'autre, le soir sous l'abat-jour de sa lampe, lisant le même livre, se consultant de l'œil à la fin des pages.

Et, son cœur soulevé d'indignation, meurtri de souffrance, s'abîma dans un désespoir sans bornes.

Des pas retentirent ; elle s'enfuit et s'enferma chez elle.

Son mari, bientôt, l'appela.

— Viens vite. M^me Rosset va mourir.

Berthe parut sur sa porte et, la lèvre tremblante :

— Retournez seul auprès d'elle, elle n'a pas besoin de moi.

Il la regarda follement, abruti de chagrin, et il reprit :

— Vite, vite, elle meurt.

Berthe répondit :

— Vous aimeriez mieux que ce fût moi.

Alors il comprit peut-être, et s'en alla, remontant près de l'agonisante.

Il la pleura sans dissimulation, sans pudeur, indifférent à la douleur de sa femme qui ne lui parlait plus, ne le regardait plus, vivait seule murée dans le dégoût, dans une colère révoltée, et priait Dieu matin et soir.

Ils habitaient ensemble pourtant, mangeaient face à face, muets et désespérés.

Puis il s'apaisa peu à peu ; mais elle ne lui pardonnait point.

Et la vie continua, dure pour tous les deux.

Pendant un an, ils demeurèrent aussi étrangers l'un à l'autre que s'ils ne se fussent pas connus. Berthe faillit devenir folle.

Puis un matin étant partie dès l'aurore, elle rentra vers huit heures portant en ses deux mains un énorme bouquet de roses, de roses blanches, toutes blanches.

Et elle fit dire à son mari qu'elle désirait lui parler.

Il vint inquiet, troublé.

— Nous allons sortir ensemble, lui dit-elle; prenez ces fleurs, elles sont trop lourdes pour moi.

Il prit le bouquet et suivit sa femme. Une voiture les attendait qui partit dès qu'ils furent montés.

Elle s'arrêta devant la grille du cimetière. Alors Berthe, dont les yeux s'emplissaient de larmes, dit à Georges : — Conduisez-moi à sa tombe. Il tremblait sans comprendre, et il se mit à marcher devant, tenant toujours les fleurs en ses bras. Il s'arrêta enfin devant un marbre blanc et le désigna sans rien dire.

Alors elle lui reprit le grand bouquet et, s'agenouillant, le déposa sur les pieds du tombeau. Puis elle s'isola en une prière inconnue et suppliante !

Debout derrière elle, son mari, hanté de souvenirs, pleurait.

Elle se releva et lui tendit les mains.

— Si vous voulez, nous serons amis, dit-elle.

# LA LÉGENDE

## DU

# MONT SAINT-MICHEL

---

*Illustration de GRASSET*

# LA LÉGENDE

## DU

# MONT St-MICHEL

Je l'avais vu d'abord de Cancale ce château de fées planté dans la mer. Je l'avais vu confusément, ombre grise dressée sur le ciel brumeux.

Je le revis d'Avranches, au soleil couchant. L'immensité des sables était rouge, l'horizon était rouge, toute la baie démesurée était rouge; seule, l'abbaye escarpée, poussée là-bas, loin de la terre, comme un manoir fantastique, stupéfiante comme un palais de rêve, invraisemblablement étrange et belle, restait presque noire dans les pourpres du jour mourant.

J'allai vers elle le lendemain dès l'aube, à travers les sables, l'œil tendu sur ce bijoux monstrueux, grand comme une montagne, ciselé comme un camée et vaporeux comme une mousseline. Plus j'approchais, plus je me sentais soulevé d'admiration, car rien au monde peut-être n'est plus étonnant et plus parfait.

Et j'errai, surpris comme si j'avais découvert l'habitation d'un dieu à travers ces salles portées par des colonnes légères ou pesantes, à travers ces couloirs percés à jour, levant mes yeux émerveillés sur ces clochetons qui semblent des fusées parties vers le ciel et sur tout cet emmêlement incroyable de tourelles, de gargouilles, d'ornements sveltes et charmants, feu d'artifice de pierre, dentelle de granit, chef-d'œuvre d'architecture colossale et délicate.

Comme je restais en extase, un paysan bas-normand m'aborda et me raconta l'histoire de la grande querelle de saint Michel avec le diable.

Un sceptique de génie a dit : « Dieu a fait l'homme à son image, mais l'homme le lui a bien rendu. »

Ce mot est d'une éternelle vérité et il serait fort curieux de faire dans chaque continent l'histoire de la divinité locale, ainsi que l'histoire des saints patrons dans chacune de nos provinces. Le nègre a des idoles féroces, mangeuses d'hommes ; le mahométan polygame peuple son paradis de femmes ; les Grecs, en gens pratiques, avaient divinisé toutes les passions.

Chaque village de France est placé sous l'invocation d'un saint protecteur, modifié à l'image des habitants.

Or, saint Michel veille sur la Basse-Normandie, saint Michel, l'ange radieux et victorieux, le porte-glaive, le héros du ciel, le triomphant, le dominateur de Satan.

Mais voici comment le Bas-Normand, rusé, cauteleux, sournois et chicanier, comprend et raconte la lutte du grand saint avec le diable.

Pour se mettre à l'abri des méchancetés du démon, son voisin, saint Michel construisit lui-même, en plein océan, cette habitation digne d'un archange ; et, seul, en effet, un pareil saint pouvait se créer une semblable résidence.

Mais, comme il redoutait encore les approches du Malin, il entoura son domaine de sables mouvants plus perfides que la mer.

Le diable habitait une humble chaumière sur la côte ;

mais il possédait les prairies baignées d'eau salée, les belles
terres grasses où poussent les récoltes lourdes, les riches
vallées et les coteaux féconds de tout le pays ; tandis que
le saint ne régnait que sur les sables. De sorte que Satan était
riche, et saint Michel était pauvre comme un gueux.

Après quelques années de jeûne, le saint s'ennuya de cet
état de choses et pensa à passer un compromis avec le diable ; mais la chose n'était guère facile, Satan tenant à ses
moissons.

Il réfléchit pendant six mois ; puis, un matin, il s'ache-
mina vers la terre. Le démon mangeait la soupe devant sa
porte quand il aperçut le saint ; aussitôt il se précipita à sa
rencontre, baisa le bas de sa manche, le fit entrer et lui offrit
de se rafraîchir.

Après avoir bu une jatte de lait, saint Michel prit la
parole :

— Je suis venu pour te proposer une bonne affaire.

Le diable, candide et sans défiance, répondit :

— Ça me va.

— Voici. Tu me céderas toutes tes terres.

Satan, inquiet, voulut parler :

— Mais...

Le saint reprit :

— Écoute d'abord. Tu me céderas toutes tes terres. Je me
chargerai de l'entretien, du travail, des labourages, des se-
mences, du fumage, de tout enfin, et nous partagerons la
récolte par moitié. Est-ce dit ?

Le diable, naturellement paresseux, accepta.

Il demanda seulement en plus quelques-uns de ces délicieux
surmulets qu'on pêche autour du mont solitaire. Saint Michel
promit les poissons.

Ils se tapèrent dans la main, crachèrent de côté pour indi-
quer que l'affaire était faite, et le saint reprit :

— Tiens, je ne veux pas que tu aies à te plaindre de moi.
Choisis ce que tu préfères : la partie des récoltes qui sera sur
terre ou celle qui restera dans la terre.

Satan s'écria :

— Je prends celle qui sera sur terre.

— C'est entendu, dit le saint.

Et il s'en alla.

Or, six mois après, dans l'immense domaine du diable, on ne voyait que des carottes, des navets, des oignons, des salsifis, toutes les plantes dont les racines grasses sont bonnes et savoureuses, et dont la feuille inutile sert tout au plus à nourrir les bêtes.

Satan n'eût rien et voulut rompre le contrat, traitant saint Michel de « malicieux ».

Mais le saint avait pris goût à la culture ; il retourna retrouver le diable :

— Je t'assure que je n'y ai point pensé du tout ; ça s'est trouvé comme ça ; il n'y a point de ma faute. Et, pour te dédommager, je t'offre de prendre, cette année, tout ce qui se trouvera sous terre.

— Ça me va, dit Satan.

Au printemps suivant, toute l'étendue des terres de l'Esprit du Mal était couverte de blés épais, d'avoines grosses comme des clochetons, de lins, de colzas magnifiques, de trèfles rouges, de pois, de choux, d'artichauts, de tout ce qui s'épanouit au soleil en graines ou en fruits.

Satan n'eut encore rien et se fâcha tout à fait.

Il reprit ses prés et ses labours et resta sourd à toutes les ouvertures nouvelles de son voisin.

Une année entière s'écoula. Du haut de son manoir isolé, saint Michel regardait la terre lointaine et féconde, et voyait le diable dirigeant les travaux, rentrant les récoltes, battant ses grains. Et il rageait, s'exaspérant de son impuissance. Ne pouvant plus duper Satan, il résolut de s'en venger, et il alla le prier à dîner pour le lundi suivant.

— Tu n'as pas été heureux dans tes affaires avec moi, disait-il, je le sais ; mais je ne veux pas qu'il reste de rancune entre nous, et je compte que tu viendras dîner avec moi. Je te ferai manger de bonnes choses.

Satan, aussi gourmand que paresseux, accepta bien vite. Au jour dit, il revêtit ses plus beaux habits et prit le chemin du Mont.

Saint Michel le fit asseoir à une table magnifique. On servit d'abord un vol-au-vent plein de crêtes et de rognons de coq, avec des boulettes de chair à saucisse, puis deux gros surmulets à la crème, puis une dinde blanche pleine de marrons confits dans du vin, puis un gigot de pré-salé, tendre comme du gâteau ; puis des légumes qui fondaient dans la bouche et de la bonne galette chaude, qui fumait en répandant un parfum de beurre.

On but du cidre pur, mousseux et sucré, et du vin rouge et capiteux, et, après chaque plat, on faisait un trou avec de vieille eau-de-vie de pommes.

Le diable but et mangea comme un coffre, tant et si bien qu'il se trouva gêné.

Alors saint Michel, se levant formidable, s'écria d'une voix de tonnerre :

— Devant moi ! devant moi, canaille ! Tu oses... devant moi...

Satan éperdu s'enfuit, et le saint, saisissant un bâton, le poursuivit.

Ils couraient par les salles basses, tournant autour des piliers, montaient les escaliers aériens, galopaient le long des corniches, sautaient de gargouille en gargouille. Le pauvre démon, malade à fendre l'âme, fuyait, souillant la demeure du saint. Il se trouva enfin sur la dernière terrasse, tout en haut, d'où l'on découvre la baie immense avec ses villes lointaines, ses sables et ses pâturages. Il ne pouvait échapper plus longtemps ; et le saint, lui jetant dans le dos un coup de pied furieux, le lança comme une balle à travers l'espace.

Il fila dans le ciel ainsi qu'un javelot, et s'en vint tomber lourdement devant la ville de Mortain. Les cornes de son front et les griffes de ses membres entrèrent profondément dans le rocher, qui garde pour l'éternité les traces de cette chute de Satan.

Il se releva boiteux, estropié jusqu'à la fin des siècles ; et, regardant au loin le Mont fatal, dressé comme un pic dans le soleil couchant, il comprit bien qu'il serait toujours vaincu dans cette lutte inégale, et il partit en traînant la jambe, se dirigeant vers des pays éloignés, abandonnant à son ennemi, ses champs, ses plaines, ses coteaux, ses vallées et ses prés.

Et voilà comment saint Michel, patron des Normands, vainquit le diable.

Un autre peuple avait rêvé autrement cette bataille.

# UNE VEUVE

———————

*Illustration d'ARCOS*

# UNE VEUVE

’était pendant la saison des chasses, dans
le château de Banneville. L'automne était pluvieux et triste.
Les feuilles rouges, au lieu de craquer sous les pieds, pour-
rissaient dans les ornières, sous les lourdes averses.

La forêt, presque dépouillée, était humide comme une salle
de bains. Quand on entrait dedans, sous les grands arbres
fouettés par les grains, une odeur moisie, une buée d'eau
tombée, d'herbes trempées, de terre mouillée, vous enveloppait et les tireurs, courbés sous cette inondation continue,
et les chiens mornes, la queue basse et le poil collé sur les
côtes, et les jeunes chasseresses en leur taille de drap collante
et traversée de pluie, rentraient chaque soir las de corps et
d'esprit.

Dans le grand salon, après dîner, on jouait au loto, sans

plaisir, tandis que le vent faisait sur les volets des poussées
bruyantes et lançait les vieilles girouettes en des tournoiements
de toupie. On voulut alors conter des histoires, comme il est
dit en des livres ; mais personne n'inventait rien d'amusant.
Les chasseurs narraient des aventures à coups de fusil, des
boucheries de lapins ; et les femmes se creusaient la tête sans
y découvrir jamais l'imagination de Scheherazade.

On allait encore renoncer à ce divertissement, quand une
jeune femme, en jouant, sans y penser, avec la main d'une
vieille tante restée fille, remarqua une petite bague faite avec
des cheveux blonds, qu'elle avait vue souvent sans jamais y
réfléchir.

Alors, en la faisant rouler doucement autour du doigt, elle
demanda : « Dis donc, tante, qu'est-ce que c'est que cette
bague ? On dirait des cheveux d'enfant... » La vieille demoiselle rougit, pâlit ; puis, d'une voix tremblante : « C'est si
triste, si triste, que je n'en veux jamais parler. Tout le malheur de ma vie vient de là. J'étais toute jeune alors, et le
souvenir m'est resté si douloureux que je pleure chaque fois
en y pensant. »

On voulut aussitôt connaître l'histoire, mais la tante refu-
sait de la dire ; on finit enfin par la prier tant qu'elle se décida.

« Vous m'avez souvent entendu parler de la famille de
Santèze, éteinte aujourd'hui. J'ai connu les trois derniers
hommes de cette maison. Ils sont morts tous les trois de la
même façon ; voici les cheveux du dernier. Il avait treize ans
quand il s'est tué pour moi. Cela vous paraît étrange, n'est-
ce pas ?

« Oh ! c'était une race singulière, des fous, si l'on veut,
mais des fous charmants, des fous par amour. Tous, de père
en fils, avaient des passions violentes, de grands élans de tout
leur être qui les poussaient aux choses les plus exaltées, aux
dévouements fanatiques, même aux crimes. C'était en eux,
cela, ainsi que la dévotion ardente est dans certaine âmes.
Ceux qui se font trappistes n'ont pas la même nature que les
coureurs de salon. On disait dans la parenté : « Amoureux
comme un Santèze. » Rien qu'à les voir, on le devinait. Ils

avaient tous les cheveux bouclés, bas sur le front, la barbe
frisée, et des yeux larges, larges, dont le rayon entrait dans
vous, et vous troublait sans qu'on sût pourquoi.

« Le grand-père de celui dont voici le seul souvenir, après
beaucoup d'aventures, et des duels et des enlèvements de
femmes, devint passionnément épris, vers soixante-cinq ans,
de la fille de son fermier. Je les ai connus tous les deux. Elle
était blonde, pâle, distinguée, avec un parler lent, une voix
molle et un regard si doux, si doux, qu'on l'aurait dit d'une
madone. Le vieux seigneur la prit chez lui, et il fut bientôt si
captivé qu'il ne pouvait se passer d'elle une minute. Sa fille et
sa belle-fille, qui habitaient le château, trouvaient cela naturel, tant l'amour était de tradition dans la maison. Quand il
s'agissait de passion, rien ne les étonnait, et, si l'on parlait
devant elles de penchants contrariés, d'amants désunis, même
de vengeance après des trahisons, elles disaient toutes les
deux, du même ton désolé : « Oh ! comme il (ou elle) a dû
souffrir pour en arriver là ». Rien de plus. Elles s'apitoyaient
sur les drames du cœur et ne s'en indignaient jamais, même
quand ils étaient criminels.

« Or, un automne, un jeune homme, M. de Gradelle, invité
pour la chasse, enleva la jeune fille.

« M. de Santèze resta calme, comme s'il ne s'était rien
passé ; mais, un matin, on le trouva pendu dans le chenil, au
milieu des chiens.

« Son fils mourut de la même façon, dans un hôtel, à Paris,
pendant un voyage qu'il y fit en 1841, après avoir été trompé
par une chanteuse de l'Opéra.

« Il laissait un enfant âgé de douze ans, et une veuve, la
sœur de ma mère. Elle vint avec le petit habiter chez mon
père, dans notre terre de Bertillon. J'avais alors dix-sept ans.

« Vous ne pouvez vous figurer quel étonnant et précoce enfant était ce petit Santèze. On eût dit que toutes les facultés de
tendresse, que toutes les exaltations de sa race étaient retom-
bées sur celui-là, le dernier. Il rêvait toujours et se promenait seul, pendant des heures, dans une grande allée d'ormes
allant du château jusqu'au bois. Je regardais de ma fenêtre
ce gamin sentimental, qui marchait à pas graves, les mains

derrière le dos, le front penché, et, parfois, s'arrêtait pour
lever les yeux comme s'il voyait et comprenait, et ressentait
des choses qui n'étaient point de son âge.

« Souvent, après le dîner, par les nuits claires, il me disait :
« Allons rêver, cousine... » Et nous partions ensemble dans le
parc. Il s'arrêtait brusquement devant les clairières où flottait
cette vapeur blanche, cette ouate dont la lune garnit les éclair-
cies des bois ; et il me disait, en me serrant la main : « Re-
« garde ça, regarde ça. Mais tu ne me comprends pas, je
« le sens. Si tu comprenais, nous serions heureux. Il faut
« aimer pour savoir. » Je riais et je l'embrassais, ce gamin, qui
m'adorait à en mourir.

« Souvent aussi, après le dîner, il allait s'asseoir sur les genoux de ma mère : « Allons, tante, lui disait-il, raconte-nous
« des histoires d'amour. » Et ma mère, par plaisanterie, lui
disait toutes les légendes de sa famille, toutes les aventures
passionnées de ses pères ; car on en citait des mille et des
mille, de vraies et de fausses. C'est leur réputation qui les a
tous perdus, ces hommes ; ils se montaient la tête et se faisaient gloire ensuite de ne point laisser mentir la renommée
de leur maison.

« Il s'exaltait, le petit, à ces récits tendres ou terribles, et
parfois il battait des mains en répétant : « Moi aussi, moi
« aussi, je sais aimer mieux qu'eux tous ! »

« Alors il me fit la cour, une cour timide et profondément
tendre dont on riait, tant c'était drôle. Chaque matin, j'avais
des fleurs cueillies par lui, et, chaque soir, avant de remonter
dans sa chambre, il me baisait la main en murmurant : « Je
« t'aime ! »

« Je fus coupable, bien coupable, et j'en pleure encore sans
cesse, et j'en ai fait pénitence toute ma vie ; et je suis restée
vieille fille, ou plutôt non, je suis restée comme fiancée-veuve,
veuve de lui. Je m'amusai de cette tendresse puérile, je l'ex-
citais même ; je fus coquette, séduisante, comme auprès d'un
homme, caressante et perfide. J'affolai cet enfant. C'était un
jeu pour moi, et un divertissement joyeux pour sa mère et
pour la mienne. Il avait douze ans ! Songez ! qui donc aurait
pris au sérieux cette passion d'atome ? Je l'embrassais tant

qu'il voulait ; je lui écrivis même des billets doux que lisaient
nos mères ; et il me répondait des lettres, des lettres de feu,
que j'ai gardées. Il croyait secrète notre intimité d'amour,
se jugeant un homme. Nous avions oublié qu'il était un
Santèze !

« Cela dura près d'un an. Un soir, dans le parc, il s'abattit
à mes genoux et, baisant le bas de ma robe avec un élan
furieux, il répétait : « Je t'aime, je t'aime, je t'aime à en mou-
« rir. Si tu me trompes jamais, entends-tu, si tu m'abandonnes
« pour un autre, je ferai comme mon père... » Et il ajouta d'une
voix profonde à donner un frisson : « Tu sais ce qu'il a fait ! »

« Puis, comme je restais interdite, il se releva, et se dressant
sur la pointe des pieds pour arriver à mon oreille, car j'étais
bien plus grande que lui, il modula mon nom, mon petit nom :
« Geneviève ! » d'un ton si doux, si joli, si tendre, que j'en
frissonnai jusqu'aux pieds.

« Je balbutiais : « Rentrons, rentrons ! » Il ne dit plus rien et
me suivit ; mais, comme nous allions gravir les marches du
perron, il m'arrêta : « Tu sais, si tu m'abandonnes, je me
« tue. »

« Je compris, cette fois, que j'avais été trop loin, et je devins
réservée. Comme il m'en faisait, un jour, des reproches, je
répondis : « Tu es maintenant trop grand pour plaisanter, et
« trop jeune pour un amour sérieux. J'attends. »

« Je m'en croyais quitte ainsi.

« On le mit en pension à l'automne. Quand il revint, l'été
suivant, j'avais un fiancé. Il comprit tout de suite et garda
pendant huit jours un air si réfléchi que je demeurais très
inquiète.

« Le neuvième jour, au matin, j'aperçus, en me levant, un
petit papier glissé sous ma porte. Je le saisis, je l'ouvris, je
lus. « Tu m'as abandonné ; et tu sais ce que je t'ai dit. C'est
« ma mort que tu as ordonnée. Comme je ne veux pas être
« trouvé par un autre que par toi, viens dans le parc, juste
« à la place où je t'ai dit, l'an dernier, que je t'aimais, et re-
« garde en l'air. »

« Je me sentais devenir folle. Je m'habillai vite et vite, et je
courus, je courus à tomber épuisée, jusqu'à l'endroit désigné.

Sa petite casquette de pension était par terre, dans la boue. Il avait plu toute la nuit. Je levai les yeux et j'aperçus quelque chose qui se berçait dans les feuilles, car il faisait du vent. beaucoup de vent.

« Je ne sais plus, après ça, ce que j'ai fait. J'ai dû hurler d'abord, m'évanouir peut-être, et tomber, puis courir au château. Je repris ma raison dans mon lit, avec ma mère à mon chevet.

« Je crus que j'avais rêvé tout cela dans un affreux délire. Je balbutiai : « Et lui, lui, Gontran?... » On ne me répondit pas. C'était vrai.

« Je n'osai pas le revoir ; mais je demandai une longue mèche de ses cheveux blonds. La... la... voici... »

Et la vieille demoiselle tendait sa main tremblante dans un geste désespéré.

Puis elle se moucha plusieurs fois, s'essuya les yeux et reprit : « J'ai rompu mon mariage... sans dire pourquoi... Et je... je suis restée toujours... la... la veuve de cet enfant de treize ans. » Puis sa tête tomba sur sa poitrine et elle pleura longtemps des larmes pensives.

Et, comme on gagnait les chambres pour dormir, un gros chasseur dont elle avait troublé la quiétude souffla dans l'oreille de son voisin :

— N'est-ce pas malheureux d'être sentimental à ce point-là !

# MADEMOISELLE COCOTTE

---

*Illustration de RENOUARD*

# MADEMOISELLE COCOTTE

Nous allions sortir de l'Asile quand j'aperçus dans un coin de la cour un grand homme maigre qui faisait obstinément le simulacre d'appeler un chien ima-

ginaire. Il criait, d'une voix douce, d'une voix tendre : « Cocotte, ma petite Cocotte, viens ici, Cocotte, viens ici, ma belle », en tapant sur sa cuisse comme on fait pour attirer les bêtes. Je demandai au médecin : — Qu'est-ce que celui-là ? Il me répondit : — Oh ! celui-là n'est pas intéressant. C'est un cocher, nommé François, devenu fou après avoir noyé son chien.

J'insistai : — Dites-moi donc son histoire. Les choses les plus simples, les plus humbles, sont parfois celles qui nous mordent le plus au cœur.

Et voici l'aventure de cet homme qu'on avait sue tout entière par un palefrenier, son camarade.

Dans la banlieue de Paris vivait une famille de bourgeois riches. Ils habitaient une élégante villa au milieu d'un parc, au bord de la Seine. Le cocher était ce François, gars de campagne, un peu lourdaud, bon cœur, niais, facile à duper.

Comme il rentrait un soir chez ses maîtres, un chien se mit à le suivre. Il n'y prit point garde d'abord ; mais l'obstination de la bête à marcher sur ses talons le fit bientôt se retourner. Il regarda s'il connaissait ce chien. — Non, il ne l'avait jamais vu.

C'était une chienne d'une maigreur affreuse, avec de grandes mamelles pendantes. Elle trottinait derrière l'homme d'un air lamentable et affamé, la queue entre les pattes, les oreilles collées contre la tête, et s'arrêtait quand il s'arrêtait, repartant quand il repartait.

Il voulait chasser ce squelette de bête et cria : « Va-t'en. Veux-tu bien te sauver. — Hou ! hou ! » Elle s'éloigna de quelques pas et se planta sur son derrière, attendant ; puis, dès que le cocher se remit en marche, elle repartit derrière lui.

Il fit semblant de ramasser des pierres. L'animal s'enfuit un peu plus loin avec un grand ballottement de ses mamelles flasques ; mais il revint aussitôt que l'homme eut tourné le dos.

Alors le cocher François, pris de pitié, l'appela. La chienne s'approcha timidement, l'échine pliée en cercle, et toutes les côtes soulevant la peau. L'homme caressa ces os saillants, et, tout ému par cette misère de bête : « Allons, viens », dit-il. Aussitôt elle remua la queue, se sentant accueillie, adoptée, et, au lieu de rester dans les mollets de son nouveau maître, elle se mit à courir devant lui.

Il l'installa sur la paille dans son écurie ; puis il courut à la cuisine chercher du pain. Quand elle eut mangé tout son soûl, elle s'endormit, couchée en rond.

Le lendemain, les maîtres, avertis par leur cocher, permi-

rent qu'il gardât l'animal. C'était une bonne bête, caressante
et fidèle, intelligente et douce.

Mais, bientôt, on lui reconnut un défaut terrible. Elle était
enflammée d'amour d'un bout à l'autre de l'année. Elle eut
fait, en quelque temps, la connaissance de tous les chiens de
la contrée qui se mirent à rôder autour d'elle jour et nuit.
Elle leur partageait ses faveurs avec une indifférence de fille,
semblait au mieux avec tous, traînait derrière elle une vraie
meute composée des modèles les plus différents de la race
aboyante, les uns gros comme le poing, les autres grands
comme des ânes. Elle les promenait par les routes en des
courses interminables, et quand elle s'arrêtait pour se reposer
sur l'herbe ils faisaient cercle autour d'elle, et la contemplaient la langue tirée.

Les gens du pays la considéraient comme un phénomène ;
jamais on n'avait vu pareille chose. Le vétérinaire n'y comprenait rien.

Quand elle était rentrée, le soir, en son écurie, la foule des
chiens faisait le siège de la propriété. Ils se faufilaient par
toutes les issues de la haie vive qui clôturait le parc, dévas-
taient les plates-bandes, arrachaient les fleurs, creusaient des
trous dans les corbeilles, exaspérant le jardinier. Et ils hurlaient des nuits entières autour du bâtiment où logeait leur
amie, sans que rien les décidât à s'en aller.

Dans le jour, ils pénétraient jusque dans la maison. C'était
une invasion, une plaie, un désastre. Les maîtres rencontraient à tout moment dans l'escalier et jusque dans les chambres des petits roquets jaunes à queue empanachée, des chiens
de chasse, des bouledogues, des loups-loups rôdeurs à poil
sale, vagabonds sans feu ni lieu, des terre-neuve énormes qui
faisaient fuir les enfants.

On vit alors dans le pays des chiens inconnus à dix lieues
à la ronde, venus on ne sait d'où, vivant on ne sait comment,
et qui disparaissaient ensuite.

Cependant François adorait Cocotte. Il l'avait nommée
Cocotte, sans malice, bien qu'elle méritât son nom ; et il
répétait sans cesse : « Cette bête-là, c'est une personne. Il ne
lui manque que la parole. »

Il lui avait fait confectionner un collier magnifique en cuir rouge qui portait ces mots gravés sur une plaque de cuivre : « Mademoiselle Cocotte, au cocher François. »

Elle était devenue énorme. Autant elle avait été maigre, autant elle était obèse, avec un ventre gonflé sous lequel pendillaient toujours ses longues mamelles ballottantes. Elle avait engraissé tout d'un coup et elle marchait maintenant avec peine, les pattes écartées à la façon des gens trop gros, la gueule ouverte pour souffler, exténuée aussitôt qu'elle avait essayé de courir.

Elle se montrait d'ailleurs d'une fécondité phénoménale, toujours pleine presque aussitôt que délivrée, donnant le jour quatre fois l'an à un chapelet de petits animaux appartenant à toutes les variétés de la race canine. François, après avoir choisi celui qu'il lui laissait pour « passer son lait, » ramassait les autres dans son tablier d'écurie et allait, sans apitoiement, les jeter à la rivière.

Mais bientôt la cuisinière joignit ses plaintes à celles du jardinier. Elle trouvait des chiens jusque sous son fourneau, dans le buffet, dans la soupente au charbon, et ils volaient tout ce qu'ils rencontraient.

Le maître, impatienté, ordonna à François de se débarrasser de Cocotte. L'homme désolé chercha à la placer. Personne n'en voulut. Alors il se résolut à la perdre, et il la confia à un voiturier qui devait l'abandonner dans la campagne de l'autre côté de Paris, auprès de Joinville-le-Pont.

Le soir même, Cocotte était revenue.

Il fallait prendre un grand parti. On la livra, moyennant cinq francs, à un chef de train allant au Havre. Il devait la lâcher à l'arrivée.

Au bout de trois jours, elle rentrait dans son écurie, harassée, efflanquée, écorchée, n'en pouvant plus.

Le maître, apitoyé, n'insista pas.

Mais les chiens revinrent bientôt plus nombreux et plus acharnés que jamais. Et comme on donnait, un soir, un grand dîner, une poularde truffée fut emportée par un dogue, au nez de la cuisinière qui n'osa pas la lui disputer.

Le maître, cette fois, se fâcha tout à fait, et, ayant appelé

François, il lui dit avec colère : « Si vous ne me flanquez pas cette bête à l'eau avant demain matin, je vous fiche à la porte, entendez-vous ? »

L'homme fut atterré, et il remonta dans sa chambre pour faire sa malle, préférant quitter sa place. Puis il réfléchit qu'il ne pourrait entrer nulle part tant qu'il traînerait derrière lui cette bête incommode ; il songea qu'il était dans une bonne maison, bien payé, bien nourri ; il se dit que vraiment un chien ne valait pas ça ; il s'excita au nom de ses propres intérêts ; et il finit par prendre résolûment le parti de se débarrasser de Cocotte au point du jour.

Il dormit mal, cependant. Dès l'aube, il fut debout et, s'emparant d'une forte corde, il alla chercher la chienne. Elle se leva lentement, se secoua, étira ses membres et vint fêter son maître.

Alors le courage lui manqua, et il se mit à l'embrasser avec tendresse, flattant ses longues oreilles, la baisant sur le museau, lui prodiguant tous les noms tendres qu'il savait.

Mais une horloge voisine sonna six heures. Il ne fallait plus hésiter. Il ouvrit la porte : « Viens, » dit-il. La bête remua la queue, comprenant qu'on allait sortir.

Ils gagnèrent la berge, et il choisit une place où l'eau semblait profonde. Alors il noua un bout de la corde au beau collier de cuir, et ramassant une grosse pierre, il l'attacha à l'autre bout. Puis il saisit Cocotte dans ses bras et la baisa furieusement comme une personne qu'on va quitter. Il la tenait serrée sur sa poitrine, la berçait, l'appelait « ma belle Cocotte, ma petite Cocotte, » et elle se laissait faire en grognant de plaisir.

Dix fois il la voulut jeter, et toujours le cœur lui manquait.

Mais brusquement il se décida, et de toute sa force il la lança le plus loin possible. Elle essaya d'abord de nager, comme elle faisait lorsqu'on la baignait, mais sa tête, entraînée par la pierre, plongeait coup sur coup ; et elle jetait à son maître des regards éperdus, des regards humains, en se débattant comme une personne qui se noie. Puis tout l'avant du corps s'enfonça, tandis que les pattes de derrière s'agitaient follement hors de l'eau ; puis elles disparurent aussi.

Alors, pendant cinq minutes, des bulles d'air vinrent crever

à la surface comme si le fleuve se fût mis à bouillonner; et François, hagard, affolé, le cœur palpitant, croyait voir Cocotte se
tordant dans la vase; et il se disait, dans sa simplicité de paysan :
« Qu'est-ce qu'elle pense de moi, à c't'heure, c'te bête? »

Il faillit devenir idiot; il fut malade pendant un mois; et,
chaque nuit, il rêvait de sa chienne; il la sentait qui léchait ses
mains; il l'entendait aboyer. Il fallut appeler un médecin. Enfin
il alla mieux; et ses maîtres, vers la fin de juin, l'emmenèrent
dans leur propriété de Biessard, près de Rouen.

Là encore il était au bord de la Seine. Il se mit à prendre
des bains. Il descendait chaque matin avec le palefrenier, et
ils traversaient le fleuve à la nage.

Or, un jour, comme ils s'amusaient à batifoler dans l'eau,
François cria soudain à son camarade :

— Regarde celle-là qui s'amène. Je vas t'en faire goûter
une côtelette.

C'était une charogne énorme, gonflée, pelée, qui s'en venait, les pattes en l'air en suivant le courant.

François s'en approcha en faisant des brasses; et, continuant ses plaisanteries :

— Cristi! elle n'est pas fraîche. Quelle prise! mon vieux.
Elle n'est pas maigre non plus.

Et il tournait autour, se maintenant à distance de l'énorme
bête en putréfaction.

Puis, soudain, il se tut et il la regarda avec une attention
singulière; puis il s'approcha encore comme pour la toucher,
cette fois. Il examinait fixement le collier; puis il avança le
bras, saisit le cou, fit pivoter la charogne, l'attira tout près
de lui, et lut sur le cuivre verdi qui restait adhérent au cuir
décoloré : « Mademoiselle Cocotte, au cocher François. »

La chienne morte avait retrouvé son maître à soixante
lieues de leur maison!

Il poussa un cri épouvantable et il se mit à nager de toute
sa force vers la berge, en continuant à hurler; et, dès qu'il
eut atteint la terre, il se sauva éperdument, tout nu, par la
campagne. Il était fou!

# LES BIJOUX

Illustration de *TIRADO*

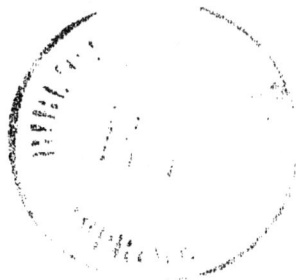

# LES BIJOUX

M. Lantin ayant rencontré cette jeune fille, dans une soirée, chez son sous-chef de bureau, l'amour l'enveloppa comme un filet.

C'était la fille d'un percepteur de province, mort depuis plusieurs années. Elle était venue ensuite à Paris avec sa mère. qui fréquentait quelques familles bourgeoises de son quartier dans l'espoir de marier la jeune personne. Elles étaient pauvres et honorables, tranquilles et douces. La jeune fille semblait le type absolu de l'honnête femme à laquelle le jeune homme sage rêve de confier sa vie. Sa beauté modeste avait un charme de pudeur angélique, et l'imperceptible sourire qui ne quittait point ses lèvres semblait un reflet de son cœur.

Tout le monde chantait ses louanges; tous ceux qui la connaissaient répétaient sans fin : « Heureux celui qui la prendra. On ne pourrait trouver mieux. »

M. Lantin, alors commis municipal au ministère de l'intérieur, aux appointements annuels de trois mille cinq cents francs, la demanda en mariage et l'épousa.

Il fut avec elle invraisemblablement heureux. Elle gouverna sa maison avec une économie si adroite qu'ils semblaient vivre dans le luxe. Il n'était point d'attentions, de délicatesses, de chatteries qu'elle n'eût pour son mari ; et la séduction de sa personne était si grande que, six ans après leur rencontre, il l'aimait plus encore qu'aux premiers jours.

Il ne blâmait en elle que deux goûts, celui du théâtre et celui des bijouteries fausses.

Ses amies (elle connaissait quelques femmes de modestes fonctionnaires) lui procuraient à tous moments des loges pour les pièces en vogue, même pour les premières représentations ; et elle traînait bon gré, mal gré, son mari à ces divertissements qui le fatiguaient affreusement après sa journée de travail. Alors il la supplia de consentir à aller au spectacle avec quelque dame de sa connaissance qui la ramènerait ensuite. Elle fut longtemps à céder, trouvant peu convenable cette manière d'agir. Elle s'y décida enfin par complaisance, et il lui en sut un gré infini.

Or, ce goût pour le théâtre fit bientôt naitre en elle le besoin de se parer. Ses toilettes demeuraient toutes simples, il est vrai, de bon goût toujours, mais modestes ; et sa grâce douce, sa grâce irrésistible, humble et souriante, semblait acquérir une saveur nouvelle de la simplicité de ses robes, mais elle prit l'habitude de pendre à ses oreilles deux gros cailloux du Rhin qui simulaient des diamants, et elle portait des colliers en perles fausses, des bracelets en similor, des peignes agrémentés de verroteries variées jouant les pierres fines.

Son mari, que choquait un peu cet amour du clinquant, répétait souvent : « Ma chère, quand on n'a pas le moyen de se payer des bijoux véritables, on ne se montre parée que de sa beauté et de sa grâce, voilà encore les plus rares joyaux. »

Mais elle souriait doucement et répétait : « Que veux-tu ?

J'aime ça. C'est mon vice. Je sais bien que tu as raison ; mais on ne se refait pas. J'aurais adoré les bijoux, moi ! »

Et elle faisait rouler dans ses doigts les colliers de perles, miroiter les facettes des cristaux taillés en répétant : « Mais regarde donc comme c'est bien fait. On jurerait du vrai. »

Il souriait à son tour en déclarant : « Tu as des goûts de Bohémienne. »

Quelquefois, le soir, quand ils demeuraient en tête-à-tête au coin du feu, elle apportait sur la table où ils prenaient le thé la boîte de maroquin où elle enfermait la « pacotille », selon le mot de M. Lantin ; et elle se mettait à examiner ces bijoux imités avec une attention passionnée, comme si elle eût savouré quelque jouissance secrète et profonde ; et elle s'obstinait à passer un collier au cou de son mari pour rire ensuite de tout son cœur en s'écriant : « Comme tu es drôle ! » Puis elle se jetait dans ses bras et l'embrassait éperdument.

Comme elle avait été à l'Opéra, une nuit d'hiver, elle rentra toute frissonnante de froid. Le lendemain elle toussait. Huit jours plus tard elle mourait d'une fluxion de poitrine.

Lantin faillit la suivre dans la tombe. Son désespoir fut si terrible que ses cheveux devinrent blancs en un mois. Il pleurait du matin au soir, l'âme déchirée d'une souffrance intolérable, hanté par le souvenir, par le sourire, par la voix, par tout le charme de la morte.

Le temps n'apaisa point sa douleur. Souvent pendant les heures du bureau, alors que les collègues s'en venaient causer un peu des choses du jour, on voyait soudain ses joues se gonfler, son nez se plisser, ses yeux s'emplir d'eau ; il faisait une grimace affreuse et se mettait à sangloter.

Il avait gardé intacte la chambre de sa compagne où il s'enfermait tous les jours pour penser à elle ; et tous les meubles, ses vêtements mêmes demeuraient à leur place, comme ils se trouvaient au dernier jour.

Mais la vie se faisait dure pour lui. Ses appointements qui, entre les mains de sa femme, suffisaient à tous les besoins du ménage devenaient, à présent, insuffisants pour lui tout seul. Et il se demandait avec stupeur comment elle avait su s'y prendre pour lui faire boire toujours des vins excellents et manger des nourritures délicates qu'il ne pouvait plus se procurer avec ses modestes ressources.

Il fit quelques dettes et courut après l'argent à la façon des gens réduits aux expédients. Un matin enfin, comme il se trouvait sans un sou, une semaine entière avant la fin du mois, il songea à vendre quelque chose; et tout de suite la pensée lui vint de se défaire de la « pacotille » de sa femme, car il avait gardé au fond du cœur une sorte de rancune contre ces « trompe-l'œil » qui l'irritaient autrefois. Leur vue même, chaque jour, lui gâtait un peu le souvenir de sa bien-aimée.

Il chercha longtemps dans le tas de clinquant qu'elle avait laissé, car jusqu'aux derniers jours de sa vie elle en avait acheté obstinément, rapportant presque chaque soir un objet nouveau, et il se décida pour le grand collier qu'elle semblait préférer, et qui pouvait bien valoir, pensait-il, six ou huit francs, car il était vraiment d'un travail très soigné pour du faux.

Il le mit en sa poche et s'en alla vers son ministère en suivant les boulevards, cherchant une boutique de bijoutier qui lui inspirât confiance.

Il en vit une enfin et entra, un peu honteux d'étaler ainsi sa misère et de chercher à vendre une chose de si peu de prix.

— Monsieur, dit-il au marchand, je voudrais bien savoir ce que vous estimez ce morceau.

L'homme reçut l'objet, l'examina, le retourna, le soupesa, prit une loupe, appela son commis, lui fit tout bas des remarques, reposa le collier sur son comptoir et le regarda de loin pour mieux juger de l'effet.

M. Lantin, gêné par toutes ces cérémonies, ouvrait la bouche pour déclarer : « Oh ! je sais bien que cela n'a aucune valeur. » — quand le bijoutier prononça : — Monsieur, cela vaut de douze à quinze mille francs ; mais je ne pourrais l'acheter que si vous m'en faisiez connaître exactement la provenance.

Le veuf ouvrit des yeux énormes et demeura béant, ne comprenant pas. Il balbutia enfin : — Vous dites?... Vous êtes sûr. L'autre se méprit sur son étonnement, et, d'un ton sec :

— Vous pouvez chercher ailleurs si on vous en donne davantage. Pour moi cela vaut, au plus, quinze mille. Vous reviendrez me trouver si vous ne trouvez pas mieux.

M. Lantin, tout à fait idiot, reprit son collier et s'en alla, obéissant à un confus besoin de se trouver seul et de réfléchir.

Mais, dès qu'il fut dans la rue, un besoin de rire le saisit, et il pensa : « L'imbécile ! oh ! l'imbécile ! Si je l'avais pris au mot tout de même ! En voilà un bijoutier qui ne sait pas distinguer le faux du vrai ! »

Et il pénétra chez un autre marchand, à l'entrée de la rue de la Paix. Dès qu'il eut aperçu le bijou, l'orfèvre s'écria : — Ah ! parbleu ; je le connais bien, ce collier ; il vient de chez moi.

M. Lantin, fort troublé, demanda : — Combien vaut-il ?

— Monsieur, je l'ai vendu vingt-cinq mille. Je suis prêt à le reprendre pour dix-huit mille, quand vous m'aurez indiqué, pour obéir aux prescriptions légales, comment vous en êtes détenteur. Cette fois M. Lantin s'assit perclus d'étonnement. Il reprit : — Mais..., mais, examinez-le bien attentivement, Monsieur, j'avais cru jusqu'ici qu'il était en... en faux.

Le joaillier reprit : — Voulez-vous me dire votre nom, Monsieur ?

— Parfaitement. Je m'appelle Lantin, je suis employé au Ministère de l'Intérieur, je demeure 16, rue des Martyrs.

Le marchand ouvrit ses registres, rechercha, et prononça : — Ce collier a été envoyé en effet à l'adresse de madame Lantin, 16, rue des Martyrs, le 20 juillet 1876.

Et les deux hommes se regardèrent dans les yeux, l'employé éperdu de surprise, l'orfèvre flairant un voleur.

Celui-ci reprit : — Voulez-vous me laisser cet objet pendant vingt-quatre heures seulement, je vais vous en donner un reçu.

M. Lantin balbutia : — Mais oui, certainement. Et il sortit en pliant le papier qu'il mit dans sa poche.

Puis il traversa la rue, la remonta, s'aperçut qu'il se trompait de route, redescendit aux Tuileries, passa la Seine, reconnut encore son erreur, revint aux Champs-Élysées sans une idée nette dans la tête. Il s'efforçait de raisonner, de comprendre. Sa femme n'avait pu acheter un objet d'une pareille

valeur. — Non, certes. — Mais alors, c'était un cadeau ! Un
cadeau de qui ? Pourquoi ?

Il s'était arrêté, et il demeurait debout au milieu de l'a-
venue. Le doute horrible l'effleura. — Elle ? — Mais alors tous
les autres bijoux étaient aussi des cadeaux ! Il lui sembla que
la terre remuait ; qu'un arbre, devant lui, s'abattait ; il étendit
les bras et s'écroula, privé de sentiment.

Il reprit connaissance dans la boutique d'un pharmacien où
les passants l'avaient porté. Il se fit reconduire chez lui, et
s'enferma.

Jusqu'à la nuit il pleura éperdument, mordant un mouchoir
pour ne pas crier. Puis il se mit au lit accablé de fatigue et
de chagrin, et il dormit d'un pesant sommeil.

Un rayon de soleil le réveilla, et il se leva lentement pour
aller à son ministère. C'était dur de travailler après de pareilles secousses. Il réfléchit alors qu'il pouvait s'excuser
auprès de son chef ; et il lui écrivit. Puis il songea qu'il fallait
retourner chez le bijoutier ; et une honte l'empourpra. Il
demeura longtemps à réfléchir. Il ne pouvait pourtant pas
laisser le collier chez cet homme, il s'habilla et sortit.

Il faisait beau, le ciel bleu s'étendait sur la ville qui semblait sourire. Des flâneurs allaient devant eux, les mains dans
leurs poches.

Lantin se dit, en les regardant passer : « Comme on est heureux quand on a de la fortune. Avec de l'argent on peut
secouer jusqu'aux chagrins, on va où l'on veut, on voyage, on
se distrait ! Oh ! si j'étais riche ! »

Il s'aperçut qu'il avait faim, n'ayant pas mangé depuis
l'avant-veille. Mais sa poche était vide, et il se ressouvint du
collier. Dix-huit mille francs ! Dix-huit-mille francs ! c'était
une somme, cela !

Il gagna la rue de la Paix et commença à se promener de
long en large sur le trottoir, en face de la boutique. Dix-huit
mille francs ! Vingt fois il faillit entrer ; mais la honte l'arrêtait toujours.

Il avait faim pourtant, grand faim, et pas un sou. Il se décida
brusquement, traversa la rue en courant pour ne pas se laisser
le temps de réfléchir, et il se précipita chez l'orfèvre.

Dès qu'il l'aperçut, le marchand s'empressa, offrit un siège avec une politesse souriante. Les commis eux-mêmes arrivèrent, qui regardaient de côté Lantin, avec des gaietés dans les yeux et sur les lèvres.

Le bijoutier déclara : — Je me suis renseigné, Monsieur, et si vous êtes toujours dans les mêmes dispositions, je suis prêt à vous payer la somme que je vous ai proposée.

L'employé balbutia : — Mais certainement.

L'orfèvre tira d'un tiroir dix-huit grands billets, les compta, les tendit à Lantin, qui signa un petit reçu et mit d'une main frémissante l'argent dans sa poche.

Puis, comme il allait sortir, il se tourna vers le marchand qui souriait toujours, et, baissant les yeux : — J'ai... j'ai d'autres bijoux... qui me viennent... qui me viennent... de la même succession. Vous conviendrait-il de me les acheter aussi?

Le marchand s'inclina : — Mais certainement, monsieur. Un des commis sortit pour rire à son aise ; un autre se mouchait avec force.

Lantin impassible, rouge et grave, annonça : — Je vais vous les apporter.

Et il prit un fiacre pour aller chercher les joyaux.

Quand il revint chez le marchand, une heure plus tard, il n'avait pas encore déjeuné. Ils se mirent à examiner les objets, pièce à pièce, évaluant chacun. Presque tous venaient de la maison.

Lantin, maintenant, discutait les estimations, se fâchait, exigeait qu'on lui montrât les livres de vente, et parlait de plus en plus haut à mesure que s'élevait la somme.

Les gros brillants d'oreilles valent vingt mille francs, les bracelets trente-cinq mille, les broches, bagues et médaillons seize mille, une parure d'émeraudes et de saphirs quatorze mille ; un solitaire suspendu à une chaîne d'or formant collier quarante mille ; le tout atteignant le chiffre de cent quatre-vingt-seize mille francs.

Le marchand déclara avec une bonhomie railleuse : — Cela vient d'une personne qui mettait toutes ses économies en bijoux.

Lantin prononça gravement . — C'est une manière comme

une autre de placer son argent. Et il s'en alla après avoir décidé avec l'acquéreur qu'une contre-expertise aurait lieu le lendemain.

Quand il se trouva dans la rue, il regarda la colonne Vendôme avec l'envie d'y grimper, comme si c'eût été un mât de cocagne. Il se sentait léger à jouer à saute-mouton par dessus la statue de l'Empereur perché là haut dans le ciel.

Il alla déjeuner chez Voisin et but du vin à vingt francs la bouteille.

Puis il prit un fiacre et fit un tour au bois. Il regardait les équipages avec un certain mépris, oppressé du désir de crier aux passants : « Je suis riche aussi, moi. J'ai deux cent mille francs ! »

Le souvenir de son ministère lui revint. Il s'y fit conduire, entra délibérément chez son chef et annonça : — Je viens, Monsieur, vous donner ma démission. J'ai fait un héritage de trois cent mille francs. Il alla serrer la main de ses anciens collègues et leur confia ses projets d'existence nouvelle ; puis il dina au Café anglais.

Se trouvant à côté d'un monsieur qui lui parut distingué, il ne put résister à la démangeaison de lui confier, avec une certaine coquetterie, qu'il venait d'hériter de quatre cent mille francs.

Pour la première fois de sa vie il ne s'ennuya pas au théâtre, et il passa sa nuit avec des filles.

Six mois plus tard il se remariait. Sa seconde femme était très honnête, mais d'un caractère difficile. Elle le fit beaucoup souffrir.

# APPARITION

---

*Illustration de* ROCHEGROSSE

# APPARITION

On parlait de séquestration à propos d'un procès récent. C'était à la fin d'une soirée intime, rue de Grenelle, dans un ancien hôtel, et chacun avait son histoire, une histoire qu'il affirmait vraie.

Alors le vieux marquis de la Tour-Samuel, âgé de quatre-vingt-deux ans, se leva et vint s'appuyer à la cheminée. Il dit de sa voix un peu tremblante :

« — Moi aussi, je sais une chose étrange, tellement étrange, qu'elle a été l'obsession de ma vie. Voici maintenant cinquante-six ans que cette aventure m'est arrivée, et il ne se passe pas un mois sans que je la revoie en rêve. Il m'est demeuré de ce jour-là une marque, une empreinte de peur, me comprenez-vous? Oui, j'ai subi l'horrible épouvante, pendant dix minutes, d'une telle façon que depuis cette heure une sorte de terreur constante m'est restée dans l'âme. Les bruits inattendus me font tressaillir jusqu'au cœur ; les objets que je distingue mal dans l'ombre du soir me donnent une envie folle de me sauver. J'ai peur la nuit, enfin.

« Oh ! je n'aurais pas avoué cela avant d'être arrivé à l'âge où je suis. Maintenant je peux tout dire. Il est permis de n'être pas brave devant les dangers imaginaires, quand on a quatre-vingt-deux ans. Devant les dangers véritables, je n'ai jamais reculé, mesdames.

« Cette histoire m'a tellement bouleversé l'esprit, a jeté en moi un trouble si profond, si mystérieux, si épouvantable, que je ne l'ai même jamais racontée. Je l'ai gardée dans le fond intime de moi, dans ce fond où l'on cache les secrets pénibles, les secrets honteux, toutes les inavouables faiblesses que nous avons dans notre existence.

« Je vais vous dire l'aventure telle quelle, sans chercher à l'expliquer. Il est bien certain qu'elle est explicable, à moins que je n'aie eu mon heure de folie. Mais non, je n'ai pas été fou, et je vous en donnerai la preuve. Imaginez ce que vous voudrez. Voici les faits tout simples.

« C'était en 1827, au mois de juillet. Je me trouvais à Rouen en garnison.

« Un jour, comme je me promenais sur le quai, je rencontrai un homme que je crus reconnaître sans me rappeler au juste qui c'était. Je fis, par instinct, un mouvement pour m'arrêter. L'étranger aperçut ce geste, me regarda et tomba dans mes bras.

« C'était un ami de jeunesse que j'avais beaucoup aimé. Depuis cinq ans que je ne l'avais vu, il semblait vieilli d'un demi-siècle. Ses cheveux étaient tout blancs ; et il marchait courbé, comme épuisé. Il comprit ma surprise et me conta sa vie. Un malheur terrible l'avait brisé.

« Devenu follement amoureux d'une jeune fille, il l'avait épousée dans une sorte d'extase de bonheur. Après un an d'une félicité surhumaine et d'une passion inapaisée, elle était morte subitement d'une maladie de cœur, tuée par l'amour lui-même, sans doute.

« Il avait quitté son château le jour même de l'enterrement, et il était venu habiter son hôtel de Rouen. Il vivait là, soli-

taire et désespéré, rongé par la douleur, si misérable qu'il ne
pensait qu'au suicide.

« — Puisque je te retrouve ainsi, me dit-il, je te demanderai
de me rendre un grand service, c'est d'aller chercher chez
moi dans le secrétaire de ma chambre, de notre chambre,
quelques papiers dont j'ai un urgent besoin. Je ne puis char-
ger de ce soin un subalterne ou un homme d'affaires, car il
me faut une impénétrable discrétion et un silence absolu.
Quant à moi, pour rien au monde je ne rentrerai dans cette
maison.

« Je te donnerai la clef de cette chambre que j'ai fermée
moi-même en partant, et la clef de mon secrétaire. Tu remet-
tras en outre un mot de moi à mon jardinier qui t'ouvrira
le château.

« Mais viens déjeuner avec moi demain, et nous causerons
de cela.

« Je lui promis de lui rendre ce léger service. Ce n'était
d'ailleurs qu'une promenade pour moi, son domaine se trouvant situé à cinq lieues de Rouen environ. J'en avais pour
une heure à cheval.

« A dix heures, le lendemain, j'étais chez lui. Nous déjeu-
nâmes en tête-à-tête ; mais il ne prononça pas vingt paroles.
Il me pria de l'excuser ; la pensée de la visite que j'allais faire
dans cette chambre, où gisait son bonheur, le bouleversait,
me disait-il. Il me parut en effet singulièrement agité, préoc-
cupé, comme si un mystérieux combat se fût livré dans son
âme.

« Enfin il m'expliqua exactement ce que je devais faire.
C'était bien simple. Il me fallait prendre deux paquets de
lettres et une liasse de papiers enfermés dans le premier tiroir
de droite du meuble dont j'avais la clef. Il ajouta :

« — Je n'ai pas besoin de te prier de n'y point jeter les
yeux.

« Je fus presque blessé de cette parole, et je le lui dis un
peu vivement. Il balbutia :

« — Pardonne-moi, je souffre trop.

« Et il se mit à pleurer.

« Je le quittai vers une heure pour accomplir ma mission.

« Il faisait un temps radieux, et j'allais au grand trot à travers les prairies, écoutant des chants d'alouettes et le bruit rythmé de mon sabre sur ma botte.

« Puis j'entrai dans la forêt et je mis au pas mon cheval. Des branches d'arbres me caressaient le visage ; et parfois j'attrapais une feuille avec mes dents et je la mâchais avidement, dans une de ces joies de vivre qui vous emplissent, on ne sait pourquoi, d'un bonheur tumultueux et comme insaisissable, d'une sorte d'ivresse de force.

« En approchant du château, je cherchai dans ma poche la lettre que j'avais pour le jardinier, et je m'aperçus avec étonnement qu'elle était cachetée. Je fus tellement surpris et irrité que je faillis revenir sans m'acquitter de ma commission. Puis je songeai que j'allais montrer là une susceptibilité de mauvais goût. Mon ami avait pu d'ailleurs fermer ce mot sans y prendre garde, dans le trouble où il était.

« Le manoir semblait abandonné depuis vingt ans. La barrière, ouverte et pourrie, tenait debout on ne sait comment. L'herbe emplissait les allées ; on ne distinguait plus les plates-bandes du gazon.

« Au bruit que je fis en tapant à coups de pied dans un volet, un vieil homme sortit d'une porte de côté et parut stupéfait de me voir. Je sautai à terre et je lui remis ma lettre. Il la lut, la relut, la retourna, me considéra en dessous, mit le papier dans sa poche et prononça :

« — Eh bien ! qu'est-ce que vous désirez ?

« Je répondis brusquement.

« — Vous devez le savoir, puisque vous avez reçu là-dedans les ordres de votre maître ; je veux entrer dans ce château.

« Il semblait atterré. Il déclara :

« — Alors, vous allez dans... dans sa chambre ?

« Je commençais à m'impatienter.

« — Parbleu ! Mais est-ce que vous auriez l'intention de m'interroger, par hasard ?

« Il balbutia :

« — Non... monsieur... mais c'est que... c'est qu'elle n'a pas été ouverte depuis... depuis la... la mort. Si vous voulez m'attendre cinq minutes, je vais aller... aller voir si...

« Je l'interrompis avec colère :

« — Ah ! ça, voyons, vous fichez-vous de moi? Vous n'y pouvez pas entrer, puisque voici la clef.

« Il ne savait plus que dire.

« — Alors, monsieur, je vais vous montrer la route.

« — Montrez-moi l'escalier et laissez-moi seul. Je la trouverai bien sans vous.

« — Mais..., monsieur..., cependant...

« Cette fois, je m'emportai tout à fait.

« — Maintenant, taisez-vous, n'est-ce pas? ou vous aurez affaire à moi.

« Je l'écartai violemment et je pénétrai dans la maison.

« Je traversai d'abord la cuisine, puis deux petites pièces que cet homme habitait avec sa femme. Je franchis ensuite un grand vestibule, je montai l'escalier et je reconnus la porte indiquée par mon ami.

« Je l'ouvris sans peine et j'entrai.

« L'appartement était tellement sombre que je n'y distinguai rien d'abord. Je m'arrêtai, saisi par cette odeur moisie et fade des pièces inhabitées et condamnées, des chambres mortes. Puis, peu à peu, mes yeux s'habituèrent à l'obscurité, et je vis assez nettement une grande pièce en désordre, avec un lit sans draps, mais gardant ses matelas et ses oreillers, dont l'un portait l'empreinte profonde d'un coude ou d'une tête comme si on venait de se poser dessus.

« Les sièges semblaient en déroute. Je remarquai qu'une porte, celle d'une armoire sans doute, était demeurée entr'ouverte.

« J'allai d'abord à la fenêtre pour donner du jour et je l'ouvris; mais les ferrures du contrevent étaient tellement rouillées que je ne pus les faire céder.

« J'essayai même de les casser avec mon sabre, sans y parvenir. Comme je m'irritais de ces efforts inutiles, et comme mes yeux s'étaient enfin parfaitement accoutumés à l'ombre, je renonçai à l'espoir d'y voir plus clair et j'allai au secrétaire.

« Je m'assis dans un fauteuil, j'abattis la tablette, j'ouvris le tiroir indiqué. Il était plein jusqu'aux bords. Il ne me fallait que trois paquets, que je savais comment reconnaître, et je me mis à les chercher.

« Je m'écarquillais les yeux à déchiffrer les suscriptions, quand je crus entendre ou plutôt sentir un frôlement derrière moi. Je n'y pris point garde, pensant qu'un courant d'air avait fait remuer quelque étoffe. Mais, au bout d'une minute, un autre mouvement, presque indistinct, me fit passer sur la peau un singulier petit frisson désagréable. C'était tellement bête d'être ému, même à peine, que je ne voulus pas me retourner, par pudeur pour moi-même. Je venais alors de découvrir la seconde des liasses qu'il me fallait ; et je trouvais justement la troisième, quand un grand et pénible soupir, poussé contre mon épaule, me fit faire un bon de fou à deux mètres de là. Dans mon élan je m'étais retourné, la main sur la poignée de mon sabre, et certes, si je ne l'avais pas senti à mon côté, mon sabre, je me serais enfui comme un lâche.

« Une grande femme vêtue de blanc me regardait, debout derrière le fauteuil où j'étais assis une seconde plus tôt.

« Une telle secousse me courut dans les membres que je faillis m'abattre à la renverse ! Oh ! personne ne peut comprendre, à moins de les avoir ressenties, ces épouvantables et stupides terreurs. L'âme se fond ; on ne sent plus son cœur ; le corps entier devient mou comme une éponge ; on dirait que tout l'intérieur de nous s'écroule.

« Je ne crois pas aux fantômes ; eh bien ! j'ai défailli sous la hideuse peur des morts ; et j'ai souffert, oh ! souffert en quelques instants plus qu'en tout le reste de ma vie, dans l'angoisse irrésistible des épouvantes surnaturelles.

« Si elle n'avait pas parlé, je serais mort peut-être ! Mais elle parla ; elle parla d'une voix douce et douloureuse qui faisait vibrer les nerfs. Je n'oserais pas dire que je redevins maître de moi et que je retrouvai ma raison. Non. J'étais éperdu à ne plus savoir ce que je faisais ; mais cette espèce de fierté intime que j'ai en moi, un peu d'orgueil de métier aussi, me faisaient garder, presque malgré moi, une contenance honorable. Je posais pour moi, et pour elle sans doute, pour elle, quelle qu'elle fût, femme ou spectre. Je me suis rendu compte de tout cela plus tard, car je vous assure que, dans l'instant de l'apparition, je ne songeais à rien. J'avais peur.

« Elle dit :

« — Oh! monsieur, vous pouvez me rendre un grand service !

« Je voulus répondre, mais il me fut impossible de prononcer un mot. Un bruit vague sortit de ma gorge.

« Elle reprit :

« — Voulez-vous? Vous pouvez me sauver, me guérir. Je souffre affreusement. Je souffre toujours. Je souffre, oh! je souffre !

« Et elle s'assit doucement dans mon fauteuil. Elle me regardait :

« — Voulez-vous?

« Je fis : « Oui! » de la tête, ayant encore la voix paralysée.

« Alors elle me tendit un peigne de femme en écaille et elle murmura :

« — Peignez-moi, oh! peignez-moi; cela me guérira; il faut qu'on me peigne. Regardez ma tête... Comme je souffre; et mes cheveux, comme ils me font mal !

« Ses cheveux dénoués, très longs, très noirs, me semblait-il, pendaient par dessus le dossier du fauteuil et touchaient la terre.

« Pourquoi ai-je fait ceci? Pourquoi ai-je reçu en frissonnant ce peigne, et pourquoi ai-je pris dans mes mains ses longs cheveux qui me donnèrent à la peau une sensation de froid atroce comme si j'eusse manié des serpents? Je n'en sais rien.

« Cette sensation m'est restée dans les doigts et je tressaille en y songeant.

« Je la peignai. Je maniai je ne sais comment cette chevelure de glace. Je la tordis, je la renouai et la dénouai; je la tressai comme on tresse la crinière d'un cheval. Elle soupirait, penchait la tête, semblait heureuse.

« Soudain elle me dit : « Merci! » m'arracha le peigne des mains et s'enfuit par la porte que j'avais remarquée entr'ouverte.

« Resté seul, j'eus, pendant quelques secondes, ce trouble effaré des réveils après les cauchemars. Puis je repris enfin mes sens ; je courus à la fenêtre et je brisai les contrevents d'une poussée furieuse.

« Un flot de jour entra. Je m'élançai sur la porte par où cet être était parti. Je la trouvai fermée et inébranlable.

« Alors une fièvre de fuite m'envahit, une panique, la vraie panique des batailles. Je saisis brusquement les trois paquets de lettres sur le secrétaire ouvert ; je traversai l'appartement en courant, je sautai les marches de l'escalier quatre par quatre, je me trouvai dehors je ne sais par où, et, apercevant mon cheval à dix pas de moi, je l'enfourchai d'un bond et partis au galop.

« Je ne m'arrêtai qu'à Rouen, et devant mon logis. Ayant jeté la bride à mon ordonnance, je me sauvai dans ma chambre où je m'enfermai pour réfléchir.

« Alors, pendant une heure, je me demandai anxieusement si je n'avais pas été le jouet d'une hallucination. Certes, j'avais eu un de ces incompréhensibles ébranlements nerveux, un de ces affolements du cerveau qui enfantent les miracles, à qui le Surnaturel doit sa puissance.

« Et j'allais croire à une vision, à une erreur de mes sens, quand je m'approchai de ma fenêtre. Mes yeux, par hasard, descendirent sur ma poitrine. Mon dolman était plein de cheveux, de longs cheveux de femme qui s'étaient enroulés aux boutons !

« Je les saisis un à un, et je les jetai dehors avec des tremblements dans les doigts.

« Puis j'appelai mon ordonnance. Je me sentais trop ému, trop troublé, pour aller le jour même chez mon ami. Et puis je voulais mûrement réfléchir à ce que je devais lui dire.

« Je lui fis porter ses lettres, dont il remit un reçu au soldat. Il s'informa beaucoup de moi. On lui dit que j'étais souffrant, que j'avais reçu un coup de soleil, je ne sais quoi. Il parut inquiet.

« Je me rendis chez lui le lendemain, dès l'aube, résolu à lui dire la vérité. Il était sorti de la veille au soir et pas rentré.

« Je revins dans la journée, on ne l'avait pas revu. J'attendis une semaine. Il ne reparut pas. Alors je prévins la justice. On le fit rechercher partout, sans découvrir une trace de son passage ou de sa retraite.

« Une visite minutieuse fut faite du château abandonné. On n'y découvrit rien de suspect.

« Aucun indice ne révéla qu'une femme y eût été cachée.

« L'enquête n'aboutissant à rien, les recherches furent interrompues.

« Et, depuis cinquante-six ans, je n'ai rien appris. Je ne sais rien de plus. »

# TABLE

———

R A P P O R T   19

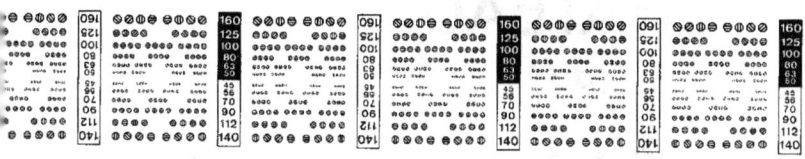

1                                                    10

# BIBLIOTHÈQUE NATIONALE

## CHÂTEAU
de
## SABLÉ

## 1984

www.ingramcontent.com/pod-product-compliance
Lightning Source LLC
Chambersburg PA
CBHW052115090426

42741CB00009B/1820